Kreativspaß mit Kindern

Kreativspaß mit Kindern

NEUE IDEEN MIT PAPIER, STOFF, FARBE UND RECYCLINGMATERIAL

SUSIE JOHNS

HEEL

HEEL Verlag GmbH
Gut Pottscheidt
53639 Königswinter
Tel.: 02223 9230-0
Fax: 02223 9230-13
E-Mail: info@heel-verlag.de
Internet: www.heel-verlag.de

First Published in Germany by HEEL Verlag GmbH.
Published in the United Kingdom by New Holland Publishers (UK) Ltd.

Originaltitel: *Crafts with Kids*
Original-ISBN 978-1-84773-597-3

Text: © Susie Johns
Layout: Simon Daley
Fotografien und Illustrationen: © New Holland Publishers (UK) Ltd.
Fotografien: Roddy Paine

Produktion: Laurence Poos
Redaktion: Rosemary Wilkinson

Deutsche Ausgabe:
Übersetzung aus dem Englischen: Linda Gross, Berlin
Producing: Ina Friedrich, Saarbrücken
Projektmanagement: Ulrike Reihn-Hamburger

Dieses Buch wurde nach bestem Wissen und Gewissen verfasst. Weder der Verlag noch der Herausgeber tragen die Verantwortung für ungewollte Reaktionen oder Beeinträchtigungen, die aus der Verarbeitung der Materialien entstehen.

Printed and bound in Malaysia

ISBN 978-3-86852-355-3

Inhalt

Einführung

Obwohl (Klein-)Kinder frei und ungezwungen ihre Umgebung erkunden und ihre Fähigkeiten durch eigenes Ausprobieren in ihrem eigenen Tempo entwickeln sollten, können auch angeleitete Aktivitäten viel Spaß machen und lehrreich sein.

Man vermutet heute, dass Kinder in den ersten Lebensjahren mehr lernen als jemals danach, deshalb sollten Eltern und Betreuer ihnen möglichst viele Anreize bieten und Materialien zum Experimentieren und Untersuchen zur Verfügung stellen.

Geben Sie einem Kleinkind Wachsmalstifte in die Hand, wird es diese vermutlich in den Mund stecken. Ab etwa 15–18 Monaten verstehen die Kleinen aber, dass sie mit den Stiften auch Spuren auf Papier hinterlassen können – zufällige Kritzeleien. Mit etwa zweieinhalb Jahren werden die Kritzeleien gezielter. In diesem Alter spielen Kinder auch gern mit Farbe: Plakatfarben sind hier besonders geeignet. Ältere Kinder verwenden gerne Acrylfarbe, da man mit ihr auch Holz und Stein bemalen und z. B. Blumentöpfe oder Pappmachémodelle dekorieren kann.

Zusammen spielen, zusammen lernen

Alle Projekte in diesem Buch können von Kindern aller Altersstufen und Erwachsenen gemeinsam durchgeführt werden. Kinder lieben es, bei diesen Kunstprojekten die volle Aufmerksamkeit ihrer Eltern zu genießen, und Eltern können wiederum viel über die Kreativität ihrer Kinder lernen.

Wir haben bewusst keine Altersvorgaben gemacht, aber die meisten Projekte sind mit unterschiedlich intensiver Beaufsichtigung durch Erwachsene für Kinder ab drei bis vier Jahren geeignet. Natürlich muss ein sehr kleines Kind mehr beobachtet werden – es ist jedoch wichtig, im Laufe der Zeit ein gutes Gleichgewicht zwischen Helfen und Anleiten bzw. Eingreifen zu finden. Und denken Sie immer daran, Ihr Kind auch für die kleinste Leistung zu loben, ob es nun eine Figur richtig ausschneidet oder eine gerade Linie näht. Dies stärkt das Selbstbewusstsein und motiviert, mit Begeisterung neue Dinge auszuprobieren und zu lernen.

Kreatives Spielen hilft auch bei der Entwicklung anderer Fähigkeiten. Beim Malen oder Zeichnen sortieren sehr kleine Kinder die Stifte vielleicht in einer bestimmten Reihenfolge oder lernen, die Farben zu benennen. Bei vielen Projekten müssen die Kinder etwas ausmessen, was ihnen beim Lernen der Zahlen sowie des Addierens und Subtrahierens hilft. Bei einigen Aktivitäten müssen sie schneiden und kleben, was die Auge-Hand-Koordination und die Feinmotorik fördert. Dann gibt es Projekte, bei denen die Kinder selbst Dinge entwerfen, Farben zuordnen und Formen kopieren müssen – was ihre Kreativität fördert – oder solche wie den Zauberstab (S. 42), den Hula-Hula-Kranz (S. 100), die Holzlöffelpuppe (S. 58) und die Sockenpuppe (S. 76), die zu fantasievollem Spiel ermuntern und sich so wiederum positiv auf die Sprachentwicklung auswirken. Zudem sind bei den meisten Projekten Problemlösungsfähigkeiten gefragt, wenn Sie nämlich mit Ihrem Kind gemeinsam die Anleitung lesen, die Bilder betrachten und das Ganze umzusetzen versuchen.

Fähigkeiten und Techniken

Fähigkeiten wie das Halten und Verwenden von Pinsel und Schere entwickeln sich im Laufe der Zeit. Fällt es Ihrem Kind zu schwer, für Projekte wie den Mosaikrahmen (S. 20) das Papier zu schneiden, können Sie ihm vorschlagen, es in kleine Stücke zu reißen.

Kleinkinder haben meist nicht die Fingerfertigkeit, die zur Verwendung von Nadel und Faden oder von Stricknadeln nötig ist, wollen es aber oft trotzdem versuchen.

Erwachsene spielen eine unschätzbar wichtige Rolle, wenn es darum geht, Kindern beim Erlernen neuer Fähigkeiten zu helfen. Dinge, die für Sie selbstverständlich sind – etwas abmessen und zusammenkleben, Papier oder Stoff schneiden –, müssen Kinder erst lernen. Sie sollten allerdings Projekte wählen, die Ihnen selbst auch Spaß machen, sonst merkt Ihr Kind sehr schnell, dass Sie nicht mit dem Herzen bei der Sache sind.

Vorbereitet sein

Warten Sie nicht auf einen Regentag – unsere Projekte machen jederzeit Spaß! Einige macht man am besten drinnen, aber viele kann man auch draußen umsetzen, und manche der Projekte, z. B. die bemalten Kieselsteine (S. 116), Blumentöpfe (S. 108)

SECRET SERVICE

und Blattdrucke (S. 106), sind ideale Beschäftigungen für Gruppen, beispielsweise auf Kinderfesten.

Dieses Buch ist in fünf Kapitel unterteilt: Basteln mit Papier, Recycling, Malen und Drucken, Handarbeiten und Naturprojekte.

Denken Sie daran, dass Aktivitäten, die Farben und Klebstoff beinhalten, immer Dreck machen. Decken Sie Arbeitsflächen (und den umliegenden Fußboden) mit Zeitungspapier oder Plastikfolie ab, die Sie mit Klebeband fixieren. Zudem sollten Sie einen feuchten Lappen zum Aufwischen griffbereit haben und alte Kleidung oder eine Schürze tragen. Das gilt auch für die Kinder, denn die meisten Filzstifte hinterlassen Flecken. Wenn Sie sich zu viele Gedanken über Schmutz machen, verliert die Sache an Spaß.

Kreativ sein

Erwarten Sie nicht, dass Ihre Ergebnisse genauso aussehen wie auf den Bildern in diesem Buch. Die Anweisungen und Fotos sind lediglich Richtlinien und Vorschläge für Ihre eigenen kreativen Aktivitäten. So könnten Sie z. B. die Schnur für die Schnurdrucke (S. 60) auch auf eine Garnrolle oder ein festes Stück Pappe kleben, wenn Sie kein passendes Holzstück haben. Anstelle der Pappteller für das Papptellertamburin (S. 50) können Sie auch anderes Wegwerfgeschirr, z. B. aus Aluminium oder Kunststoff, verwenden oder eine Rassel aus einem alten Joghurtbecher basteln.

Mit den Kartoffelstempeln (S. 112) können Sie statt eines Kissenbezugs auch ein T-Shirt verzieren oder einfache Stoffstücke bedrucken und daraus Jongliersäckchen (S. 88) oder ein Patchwork-Kissen (S. 95) nähen.

Denken Sie sich selbst weitere Einsatzmöglichkeiten für die Projekte aus. Wenn es Ihren Kindern Spaß macht, Fische für unser Angelspiel auszuschneiden, können sie damit z. B. auch Geburtstagskarten verzieren oder ein Mobile basteln.

Alle Projekte in diesem Buch habe ich mit meinen eigenen Kindern ausprobiert, und ich kann mit Stolz sagen, dass meine Töchter an den fertigen Projekten auf den Bildern mitgewirkt haben. Die Kinder, die zu diesem Buch beigetragen haben, und deren Fotos Sie auf den nächsten Seiten sehen werden, hatten viel Spaß im Studio und konnten es gar nicht erwarten, zu Hause die Ideen selbst auszuprobieren. Wir hoffen deshalb alle, dass Sie und Ihre Kinder genauso viel Spaß daran haben werden.

Basteln mit Papier

Material

Ob matt oder glänzend, metallisch, gewellt oder mit Struktur, recycelt, bedruckt oder blanko – Papier ist toll! In diesem Kapitel erhalten Sie einige großartige Anregungen für Partydekorationen, Geschenke, Spiele, Verzierungen und Schmuckstücke.

Bei Papierarbeiten lohnt es sich, einfallsreich zu sein. Bastelläden und Schreibwarenhändler bieten ein unglaubliches Sortiment, aber Sie können auch eigene Papierreste von anderen Projekten, gebrauchtes Geschenkpapier, Karten, Schokoladenpapier, Packpapier, alte Umschläge und Briefe, alte Fotokopien aus dem Büro sowie Seiten aus Zeitungen, Zeitschriften und Katalogen verwenden. Heben Sie Papierreste in einer Schachtel auf, dann haben Sie stets genug Material zur Verfügung.

Für die Projekte in diesem Kapitel benötigen Sie außerdem Schnur, Klebstoff, Klebeband, Geschenkband, Schmuckperlen und einige andere Dinge.

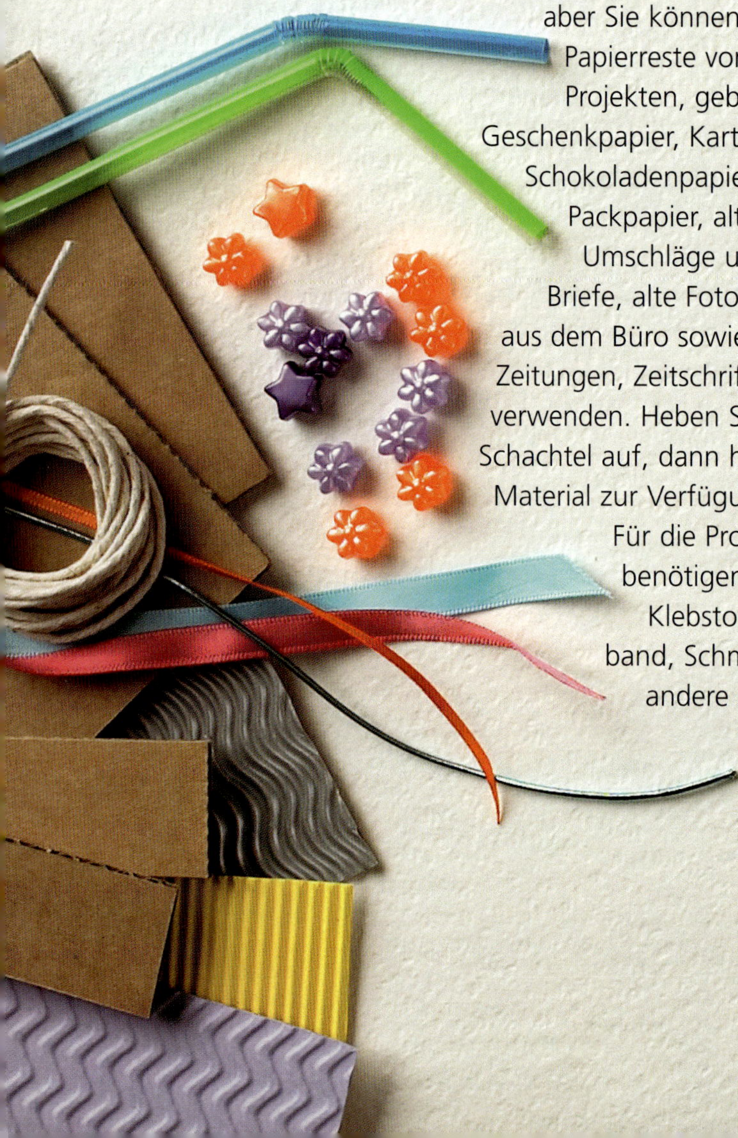

Checkliste

- Alte Zeitschriften oder Kataloge
- Seidenpapier
- Drachenpapier
- Schnur
- Schmuckperlen
- Bunte Papierreste
- Klebestift
- Karton
- Geschenkband
- Holzstäbchen
- Trinkhalme aus Plastik
- Laminierfolie
- Locher
- Tacker
- Büroklammern
- (Transparentes) Klebeband
- Lineal
- Stifte

Gerollte Papierperlen

Aus altem Geschenkpapier oder aus Zeitschriftenseiten kannst du bunten Schmuck basteln.

Du brauchst

MATERIAL

- Farbiges Papier (DIN A4)
- Klebestift oder doppelseitiges Klebeband
- Plastikperlen (optional)
- Schnur
- Gummiband

WERKZEUG

- Lineal
- Bleistift
- Schere
- Stricknadel oder Bambusspieß

SPIELERISCH LERNEN

- ▸ Abmessen
- ▸ Schneiden und Kleben
- ▸ Auffädeln

FÜR ERWACHSENE

Das Auffädeln kann kniffig sein, dabei müssen Sie eventuell helfen.

Tipp

Doppelseitiges Klebeband auf die kurze Seite eines Blatts kleben. Wurde das Blatt in Streifen geschnitten, wird es von der Seite ohne Klebeband aufgerollt.

1 Zeichne mit Lineal und Bleistift Linien auf ein Blatt Papier. Die Linien können parallel verlaufen, dürfen aber ruhig schief sein.

2 Entlang der Linien Papierstreifen abschneiden. Einige sollten gerade sein, andere spitz zulaufen.

3 Die Streifen nacheinander fest um eine Stricknadel oder einen Spieß wickeln und das Ende jeweils mit Klebeband oder Klebestift festkleben.

4 Viele Perlen basteln und diese auf eine Schnur (für eine schicke Kette) oder ein Gummiband (für ein tolles Armband) auffädeln.

Mexikanische Fiesta-Fahnen

In wenigen Schritten kannst du aus farbigem Seidenpapier eine Girlande aus bunten Fahnen basteln.

Du brauchst

MATERIAL

- Seidenpapier
- Schnur
- Klebestift oder doppelseitiges Klebeband

WERKZEUG

- Schere
- Lineal
- Locher (optional)

SPIELERISCH LERNEN

- ▸ Abmessen
- ▸ Schneiden und Kleben
- ▸ Falten

FÜR ERWACHSENE

Zeigen Sie dem Kind, wie man kleine Schnitte macht. Helfen Sie beim Befestigen der Fahnen.

Tipp

Die Fahnen dürfen nicht nass werden, da sie sonst zerfallen.

1 Aus dem Seidenpapier Rechtecke (ca. 21 x 19 cm) ausschneiden. Jede beliebige andere Größe ist aber auch möglich.

2 Ein Stück Seidenpapier in der Mitte falten und dann noch einmal in der Mitte falten. An der Faltlinie kleine Formen, z. B. Dreiecke, ausschneiden.

3 Mit einem Locher kleine Kreise ausstanzen. Für schöne Kanten Scheren mit speziellen (z. B. gezackten) Klingen verwenden.

4 Wenn genug Fahnen fertig sind, jeweils am oberen Rand ca. 1 cm um die Schnur herumlegen und festkleben.

Mosaikrahmen

Dekoriere mit bunten Papierschnipseln einen Bilderrahmen aus Karton – ideal für Fotos oder Bilder.

Du brauchst

MATERIAL

- Fester Karton oder fertiger Kartonrahmen
- Bunte Papierschnipsel
- Klebstoff oder Klebestift

WERKZEUG

- Schere
- Lineal
- Bleistift

SPIELERISCH LERNEN

- Abmessen
- Schneiden und Kleben

FÜR ERWACHSENE

Für Kleinkinder schneiden Sie die Mosaikstücke am besten im Voraus aus. Anstelle des Rahmens können die Kinder auch ein Mosaikbild machen.

Tipp

Gute Quellen für kostenloses farbiges Papier sind Zeitschriften, Kataloge und gebrauchtes Geschenkpapier. Sammeln Sie geeignetes Papier in einer Schachtel.

1 Aus dem Karton zuerst ein Rechteck und aus diesem in der Mitte wiederum ein Fenster ausschneiden. Das hier abgebildete Passepartout hat die Maße 30 x 23 cm (Fenster 20 x 13 cm). Buntes Papier in kleine Quadrate und/oder Streifen schneiden.

2 Vor dem Festkleben verschiedene Muster ausprobieren, um festzustellen, was am schönsten aussieht.

3 Auf die Rückseite der Schnipsel oder auf einen kleinen Bereich des Rahmens Klebstoff auftragen. Die Papierschnipsel gut andrücken.

4 Dein Foto/Bild auf der Rückseite des Rahmens mit Klebestreifen befestigen.

Papierherz

Diese Herzen eignen sich toll zum Valentinstag, als Geschenk oder als Partydekoration.

Du brauchst

MATERIAL
Bunter Karton
Drachenpapier
Kurzes Stück Schnur oder Geschenkband
Klebeband
Klebstoff
Bunte Folie (z. B. Einwickelpapier von Süßigkeiten)
Ausgeschnittene Papierformen
Glitzersteine
WERKZEUG
Schere

SPIELERISCH LERNEN

- Abmessen
- Schneiden und Kleben

FÜR ERWACHSENE

Besorgen Sie selbstklebende Glitzersteine in Bastelläden oder nehmen Sie passenden Klebstoff.

Tipp

Es muss kein Herz sein – auch andere Formen, z. B. Kreise, Quadrate oder Rauten, sind möglich. Zum Dekorieren Aufkleber, Knöpfe, Perlen oder Pailletten verwenden.

1 Aus Karton zwei identische Herzen ausschneiden, zwei etwas größere Herzen aus dem Drachenpapier ausschneiden. Die Vorlagen befinden sich auf S. 120.

2 Aus einem Stück Geschenkband eine Schlaufe legen und die Enden oben am Herz festkleben.

3 Das Herz mit Klebstoff bestreichen und zwei oder mehr Papierherzen befestigen, dann das zweite Kartonherz darauf kleben. Alles fest andrücken. Soll das Ganze stabiler werden, weitere Kartonherzen darüber kleben.

4 Beide Seiten (auf Wunsch auch nur die Vorderseite) des Herzens mit Folie, Papierformen und Glitzersteinen dekorieren.

5 Das überstehende Drachenpapier so einschneiden, dass sich rund um das Herz Fransen ergeben. Jetzt kann man das Herz aufhängen.

Papierblumen

Diese bunten Blumen aus Krepppapier sind ein schönes Geschenk und halten länger als echte.

Du brauchst

MATERIAL

- Gelbes Seidenpapier
- Trinkhalme
- Klebeband (transp.)
- Krepppapier in Pink, Blau und Grün

WERKZEUG

- Schere

SPIELERISCH LERNEN

- ▸ Ausschneiden und Kleben
- ▸ Vorlagen verwenden
- ▸ Zusammenbinden

FÜR ERWACHSENE

Das Festbinden der Blüten kann knifflig sein, hier müssen Sie wahrscheinlich helfen.

1 Ein etwa 6 cm breites Stück Seidenpapier abschneiden und den Streifen dann fransig zuschneiden.

2 Den Fransenstreifen um das obere Ende eines Trinkhalms wickeln und unten mit einem Stück Klebeband umwickeln, damit es hält.

3 Aus Krepppapier mit einer normalen Schere oder einer Schere mit gezahnter Klinge einige Blütenblätter ausschneiden.

4 Das untere Ende jedes Blütenblatts vorsichtig um den Trinkhalm legen und mit Klebeband befestigen.

Tipp

Statt normalem Klebeband eignet sich auch doppelseitiges, damit es besser hält.

5 Einen Streifen grünes Krepppapier zurechtschneiden, unten um die Blütenblätter wickeln und festkleben.

6 Zum Schluss jedes Blütenblatt vorsichtig in Form ziehen.

Abzeichen

Bastle ein Abzeichen für eine Geburtstagskarte oder gleich mehrere für dein Team oder deine Partygäste.

Du brauchst

MATERIAL

- Kartonstücke
- Einfaches Papier
- Klebestift
- Filzstifte
- Kurzes (Textil-)Band
- Sicherheitsnadel
- Dünne Schnur oder dicker Faden
- Schmuckperlen
- Klebeband

WERKZEUG

- Schere
- Locher
- Große Nähnadel

SPIELERISCH LERNEN

- Abmessen und Schneiden
- Dekorieren
- Kleben
- Perlen auffädeln

FÜR ERWACHSENE

Kleine Kinder benötigen bei feinmotorischen Arbeiten wie Auffädeln und Kleben vermutlich Ihre Hilfe.

1 Zwei Stücke Karton in der Größe des fertigen Abzeichens ausschneiden. Den Umriss des Kartons auf Papier zeichnen und ausmalen, z. B. mit einer Zahl für einen Geburtstag.

2 Das gestaltete Papier ausschneiden und auf eines der Kartonstücke kleben.

3 An den seitlichen und der unteren Kante des Abzeichens rundherum Löcher ausstanzen.

4 Das eine Ende des Fadens am ersten Loch festbinden. Den Faden in eine große Nähnadel einfädeln und einige Perlen aufziehen. Den Faden durch das nächste Loch fädeln und festziehen. Das Ganze wiederholen, bis der Rand des Abzeichens rundherum mit Perlen geschmückt ist.

5 Zwei kurze Stücke Band über die Seite der Sicherheitsnadel legen, die sich nicht öffnen lässt. Das Band anschließend an der Rückseite des Abzeichens gut festkleben.

5

Platzset

Durch das Laminieren lässt sich dein Platzset leicht abwischen und wiederverwenden.

Du brauchst

MATERIAL
- Bleistift
- Weißes Papier
- Großes Stück farbiger Karton
- Bunte Papierreste
- Klebestift
- Filzstifte
- Laminierfolie

WERKZEUG
- Schere

SPIELERISCH LERNEN
- Abmessen
- Formen ausschneiden
- Kleben

FÜR ERWACHSENE

Das Laminieren müssen Sie wahrscheinlich übernehmen, da es schnell zu Falten oder Lufteinschlüssen kommen kann. Sie können das Set aber auch in einem Copyshop professionell laminieren lassen.

1 Auf ein Stück Papier einen großen Kreis zeichnen. Damit der Kreis schön rund wird, einen Teller als Schablone verwenden. Auf die Innenseite einen etwas kleineren „Tellerrand" malen.

2 Farbigen Karton auf die Größe und Form des fertigen Sets zuschneiden und den Papierteller aufkleben. Aus buntem Karton Umrisse verschiedener Lebensmittel, z. B. Würstchen, Karotten usw., ausschneiden.

3 Messer, Gabel, Löffel, Glas und Trinkhalm ausschneiden und alle Formen aufkleben.

4 Mit Filzstiften Details aufmalen. Zuletzt das gesamte Platzset sorgfältig laminieren.

Angelspiel

Bastle einen Teich voller Fische und versuche, diese mit der magnetischen Angel zu fangen.

Du brauchst

MATERIAL

- Dickes Papier oder dünner Karton
- Wachsmalstifte
- Wasserfarben
- Büroklammern
- Schnur
- Holzstab
- Buntes Klebeband
- Magnet

WERKZEUG

- Schere

SPIELERISCH LERNEN

- Malen
- Schneiden
- Zählen

FÜR ERWACHSENE

Für kleine Kinder sollten Sie die Fischumrisse vormalen; auf S. 121 finden Sie eine Vorlage. Ältere Kinder können Zahlen auf die Fische malen und das Ergebnis jedes Spielers am Ende zusammenrechnen.

1 Fischumrisse auf Papier oder Karton zeichnen bzw. die Vorlage von S. 121 kopieren.

2 Zum Dekorieren mit den Wachsmalstiften Muster auf die Fische malen. Nach Wunsch zusätzlich mit Zahlen beschriften.

3 Die Fische mit Wasserfarben anmalen. Die Wachsmalstiftmuster nehmen dabei keine Farbe an und bleiben erhalten.

(Fortsetzung umseitig)

Angelspiel

Fortsetzung

4 Die Fische vorsichtig mit einer Schere ausschneiden.

5 Am Kopf und am Schwanz jedes Fisches jeweils eine Büroklammer befestigen und diese ggf. mit Klebeband festkleben.

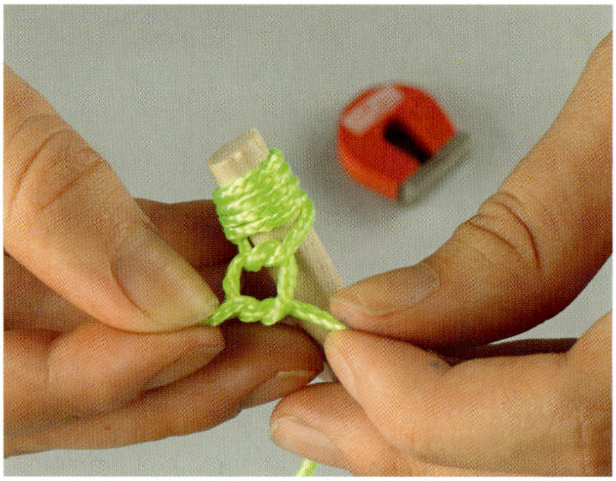

6 Ein Ende einer 60 cm langen Schnur am Holzstock befestigen. Die Schnur ggf. mit Klebeband fixieren. Am anderen Ende der Schnur den Magnet festknoten oder -kleben.

Tipp

Als Teich können ein großes Blatt blaues Papier, der Deckel eines Pappkartons oder Ähnliches dienen.

Fotoalbum

Ein selbstgemachtes Fotoalbum kann jederzeit erweitert werden.

Du brauchst

MATERIAL

- Festes DIN-A4-Papier oder dünner Karton
- Bunte Papierreste
- Fotos
- Klebestift
- Aufkleber
- selbstklebendes Band (optional)
- Dünne Schnur oder Geschenkband
- Schmuckperlen

WERKZEUG

- Locher
- Schere

SPIELERISCH LERNEN

- ▸ Abmessen
- ▸ Schneiden und Kleben
- ▸ Entwerfen

FÜR ERWACHSENE

Damit die Seiten immer an der gleichen Stelle gelocht werden, müssen Sie wahrscheinlich helfen. Geben Sie den Kindern reichlich Fotos (machen Sie ggf. Kopien) und andere Materialien.

1 In mehrere DIN-A4-Blätter Löcher zum Zusammenheften stanzen. Das erste Blatt als Vorlage für die Position der Löcher verwenden.

2 Ein Stück farbiges Papier, das etwas größer ist als das Foto, zurechtschneiden und auf die Seite kleben. Anschließend das Foto daraufkleben.

3 Das Foto mithilfe von Papierstreifen oder selbstklebendem Band einrahmen.

(Fortsetzung umseitig)

Fotoalbum

Fortsetzung

Tipp

Ein Album kann verschiedene Größen und Formen haben. Für ein kleineres Album DIN-A5-Blätter zurechtschneiden.

4 Möglichst viele Albumseiten herstellen und kreativ gestalten. Dabei ruhig Hintergrundfarben und Dekorationen wechseln.

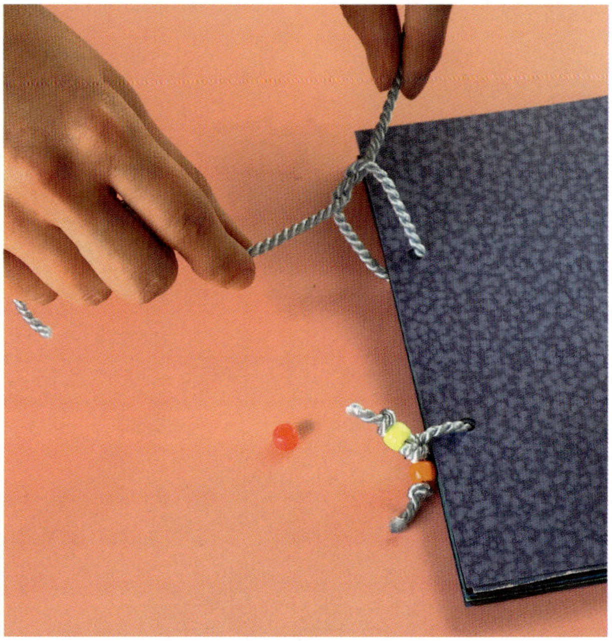

5 Das fertige Buch zusammensetzen. Bunten Karton – etwas stärker als das verwendete Papier – als Deckblatt und Rückseite verwenden. Dazwischen die fertigen sowie einige leere Albumblätter zum späteren Bekleben einfügen. Geschenkband oder Schnur durch die Löcher fädeln und festknoten. Das Deckblatt mit einem Lieblingsfoto bekleben und dann hübsch dekorieren.

Recycling

Material

Beim Basteln ist oft eine gewisse Improvisationsfähigkeit gefragt. Sehen Sie sich einmal zu Hause um – garantiert werden Sie alles Mögliche finden, das Sie für die Kunstprojekte mit Ihren Kindern verwenden können. Plastiktüten, Zeitungen und Zeitschriften, Kartons und Stoffreste, ja, selbst alte Kleidungsstücke muss man nicht wegwerfen, sondern kann sie für viele Projekte nutzen. Wenn Sie also das nächste Mal aufräumen, werfen Sie nicht alles weg, sondern sortieren Sie die Sachen aus, die sich prima für Bastelarbeiten „recyceln" lassen.

In diesem Kapitel zeigen wir Ihnen unter anderem Verwendungsmöglichkeiten für Plastikflaschen, alte Kartondeckel, Papierreste, Alufolie, Pappröhren, Pappteller und Holzlöffel – die sonst alle weggeworfen worden wären. Auch in anderen Kapiteln finden Sie Einsatzmöglichkeiten für alte Socken oder Handschuhe und sonstigen „Recyclingmüll".

Auf diese Weise lernen Ihre Kinder nicht nur neue handwerkliche Fähigkeiten und kreativ zu sein, sondern auch, Müll zu vermeiden und Dinge wiederzuverwenden.

Checkliste

- Plastikflaschen
- Papierreste
- Klebestift
- Weißleim
- Glitzerpulver
- Karton
- Verpackungsmaterial aus Plastik
- Pappröhren
- Pappteller
- Einwickelpapier (z. B. von Süßigkeiten)
- Farben
- Pinsel
- Geschenkband
- Glöckchen oder Schellen
- (Transparentes) Klebeband
- Schere

Kegeln

Dieses Spiel macht drinnen, im Garten oder sogar am Strand Spaß. Stell die Kegel auf und wirf sie um!

Du brauchst

MATERIAL

- (Kleine) Plastikflaschen
- Papier
- Bunt- oder Filzstifte
- Klebstoff oder doppelseitiges Klebeband

WERKZEUG

- Maßband
- Lineal
- Schere

SPIELERISCH LERNEN

- ▸ Abmessen
- ▸ Schneiden und Malen
- ▸ Zählen

FÜR ERWACHSENE

Schneiden Sie für kleine Kinder die anzumalenden Papierstreifen vorher zurecht und helfen Sie ihnen, diese um die Flaschen zu wickeln.

Tipp

Ein Stück Knetmasse in die Kegel geben, um sie schwerer zu machen. Flaschen mit Schraubverschlüssen mit Sand oder Wasser füllen.

1 Den Umfang jeder Flasche abmessen und ein entsprechend langes Rechteck plus 2 cm Überhang auf das Papier zeichnen. Festlegen, wie breit die Rechtecke sein sollen, und diese dann ausschneiden.

2 Die Papierstreifen mit Bunt- oder Filzstiften anmalen.

3 Zusätzlich können Zahlen ausgeschnitten oder aufgemalt werden, um die Kegel zu nummerieren.

4 Um jede Flasche einen Papierstreifen wickeln und mit Klebstoff oder Klebeband zusammenkleben.

Zauberstab

Jede Fee oder Hexe und jeder Zauberer braucht einen Zauberstab, damit die Zaubersprüche funktionieren.

Du brauchst

MATERIAL

- Deko-Klebeband
- Holzstab
- Fester Karton
- Kreppband
- Schmucksteine
- Weißleim
- Glitzerpulver
- Geschenkband

WERKZEUG

- Schere

SPIELERISCH LERNEN

- Schneiden und Kleben
- Mithilfe verschiedener Materialien dekorieren

FÜR ERWACHSENE

Bis der Klebstoff getrocknet ist, brauchen Kinder etwas Geduld. Auf kleine Kinder beim Umgang mit dem Glitzerpulver gut aufpassen!

Tipp

Großzügig Glitzerpulver verwenden. Überreste können nach dem Trocknen abgeschüttelt und wiederverwendet werden.

1 Den Holzstab ganz mit dem Deko-Klebeband umwickeln.

2 Aus dem Karton zwei gleichgroße Sterne ausschneiden. Auf S. 121 befindet sich eine Vorlage.

3 Ein Ende des Stabs an einen der Sterne kleben. Nun beide Sterne zusammenkleben; dazu die Spitzen der Sterne mit Kreppband einwickeln.

4 Eine Seite des Sterns mit Weißleim bestreichen und die Schmucksteine festkleben. Nun den Stern mit Glitzerpulver bestreuen. Alles trocknen lassen, dann den Überschuss abschütteln. Die andere Seite ebenso dekorieren.

5 Zuletzt unterhalb des Sterns Geschenkbänder festbinden.

108

Setzkasten

Aus den Deckeln alter Kartons werden im Handumdrehen Setzkästen zum Ausstellen deiner Schätze.

Du brauchst

MATERIAL

- Deckel einer Schachtel
- Karton
- Weißleim
- Acryl- oder Plakatfarben
- Bunte Papierreste

WERKZEUG

- Lineal
- Bleistift
- Schere

SPIELERISCH LERNEN

- Abmessen
- Schneiden
- Bemalen

FÜR ERWACHSENE

Genaues Messen ist hier sehr wichtig und sollte daher gut betreut werden.

1 Deckeltiefe, -länge und -breite ausmessen. Vier Pappstreifen mit den Schneidmarkierungen versehen. Dabei sollte die Länge eines Streifens der Deckelinnenlänge entsprechen, die der anderen drei der Deckelbreite.

2 Die Streifen ausschneiden und in die Mitte jedes Streifens eine Kerbe zum Ineinanderstecken schneiden. Drei Kanten der Streifen mit Weißleim bestreichen, an ihrem Bestimmungsort festkleben und gut trocknen lassen.

3 Die Außenseite des Deckels und die Kanten der Trennböden weiß anmalen. Die einzelnen Kästchen nach Wunsch einfärben.

4 Ist der Setzkasten trocken, die Kanten mit bunten Papierstreifen bekleben.

Tipp

Für einen einfachen Rahmen eine robuste, flache Kiste oder einen Deckel innen anmalen.

Robotercollage

Diese Collage ist etwas anders als üblich: Unser glänzender Roboter hat bewegliche Teile.

Du brauchst

MATERIAL

- Kleiner Deckel
- Alufolie
- Pfeifenreiniger
- DIN-A4-Karton
- Selbstklebende Schaumpolster
- Strukturpapier
- Musterklammern
- Glitzerklebstoff oder Plusterfarbe
- Pailletten oder Schmucksteine

WERKZEUG

- Locher
- Schere

SPIELERISCH LERNEN

► Abmessen, Schneiden, Kleben, Entwerfen

FÜR ERWACHSENE

Kleine Kinder können mit dem Befestigen der Klammern Schwierigkeiten haben.

Tipp

Im Vorfeld reichlich Material sammeln – je mehr Auswahl, desto besser.

1 Für den Kopf den kleinen Deckel in Alufolie einwickeln. Dann in eine der langen Kanten zwei Löcher stanzen und ein Stück Pfeifenreiniger als Antenne hindurchstecken.

2 Den Kopf mit selbstklebenden Schaumpolstern auf dem Papier festkleben. So entsteht ein 3D-Effekt.

3 Körperteile aus dem Strukturpapier ausschneiden, in die Enden der Arme und Beine Löcher stanzen und diese mit Musterklammern verbinden.

4 Die Arme und Beine mit Schaumpolstern am Körper befestigen. Mithilfe des Glitzerklebstoffs Pailletten oder Schmucksteine als Kontrolllämpchen und Steuerelemente aufkleben.

Geschicklichkeitsspiel

Mit diesem Spiel hast du doppelt Spaß: beim Basteln und beim Spielen und Herausfordern deiner Freunde!

Du brauchst

MATERIAL

- Gedrucktes Bild oder Geschenkpapier
- Runde (Käse-) Pappschachtel
- Kartonreste
- Weißleim
- Schmuckperlen
- Overheadfolie
- Doppelseitiges Klebeband
- Papierreste

WERKZEUG

- Schere
- Locher

SPIELERISCH LERNEN

▸ Abmessen, Schneiden, Kleben, Dekorieren

FÜR ERWACHSENE

Sie sollten bei allen Schritten mithelfen. Der Foliendeckel muss lückenlos passen.

1 Ein Bild auf ein Stück Karton kleben. Die Schachtel darüberlegen, den Umriss aufzeichnen und ausschneiden, sodass es genau in die Schachtel passt.

2 In beliebig viele, markante Punkte des Bildes Löcher stanzen. Den Umriss der Schachtel auch auf ein Stück Overheadfolie aufzeichnen und einen Kreis ausschneiden.

3 Den Boden der Schachtel mit Weißleim bestreichen, das Bild hineinlegen und zum Ankleben gut festdrücken.

4 Die Perlen – eine pro Loch – hineingeben, dann auf die Oberseite der Schachtel die Overheadfolie festkleben und trocknen lassen.

5 Den Umfang der Schachtel messen und ein entsprechend langes Stück doppelseitiges Klebeband (plus 1 cm Überhang) abschneiden. Das Klebeband auf buntes Papier kleben und zuschneiden. Den Streifen etwas überstehend rund um die Kante der Pappschachtel kleben. Den überstehenden Teil rundherum einschneiden und die Teile überlappend über die Overheadfolie kleben, damit alles gut hält.

Tipp

Einige Käseschachteln haben einen durchsichtigen Deckel. Dieser kann in Schritt 5 verwendet werden.

Papptellertamburin

Dieses einfache aber lustige Musikinstrument ist im Handumdrehen fertig.

Du brauchst

MATERIAL

2 Plastiktrinkhalme
2 Pappteller
Aufkleber
Filzstifte
1 m Schnur
16 Glöckchen
Geschenkband

WERKZEUG

Schere
Tacker
Locher

SPIELERISCH LERNEN

- Abmessen
- Schneiden und Dekorieren
- Musizieren

FÜR ERWACHSENE

Für sehr kleine Kinder verwenden Sie anstatt des Tackers besser Klebeband oder Klebstoff.

Tipp

Statt Trinkhalmen können auch getrocknete Erbsen, Bohnen, Linsen oder Reis für andere Töne verwendet werden.

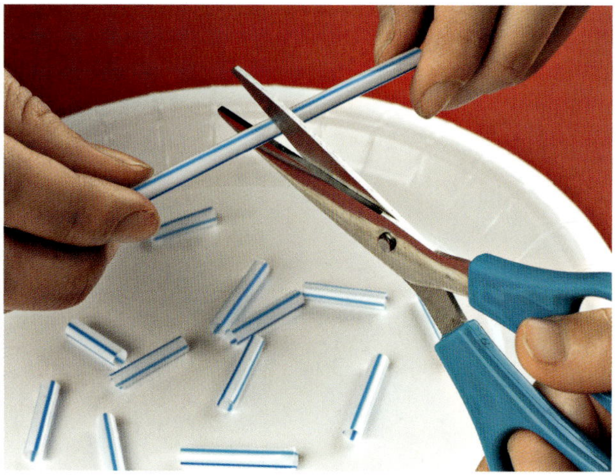

1 Die Trinkhalme in kurze Stücke schneiden, auf einen der Pappteller legen und mit dem anderen Teller zudecken.

2 Die Kanten der Teller zusammentackern. Rundherum im gleichen Abstand Löcher in den Tellerrand stanzen. Beide Teller mit Aufklebern und Filzstiften verzieren.

3 Die Schnur durch die Löcher ziehen und dabei regelmäßig Glöckchen auffädeln. Das Ende gut verknoten und mit Geschenkband verzieren.

Rakete

Verwandle eine Plastikflasche in eine Rakete, bereit zur Erforschung ferner Planeten.

Du brauchst

MATERIAL

- Plastikflasche
- Alufolie
- Bunte Folie (z. B. Einwickelpapier)
- Klebestift
- 3 kleine Pappröhren
- Aufkleber
- Festes Papier oder dünner Karton
- Klebeband (transp.)

WERKZEUG

- Schere

SPIELERISCH LERNEN

- ▸ Abmessen
- ▸ Schneiden
- ▸ Dekorieren

FÜR ERWACHSENE

Den Boden der Flasche sollte ein Erwachsener mit einer Schere abschneiden.

1 Den Boden der Plastikflasche abschneiden. Alufolie mit Klebstoff bestreichen und die Flasche damit einwickeln.

2 Die Pappröhren ebenfalls mit Alufolie bekleben.

3 Auf einer Seite der Pappröhren etwa 3 cm lange, gegenüberliegende Kerben einschneiden.

4 Die Pappröhren in gleichmäßigem Abstand an den Boden der Plastikflasche stecken. Die Rakete mit Aufklebern und bunter Folie dekorieren.

5 Für die Raketenspitze einen Halbkreis aus festem Papier ausschneiden und die Hälfte der geraden Kante mit Klebstoff bestreichen. Den Halbkreis nun kegelförmig aufrollen und zusammenkleben. Mit Klebeband an der Rakete befestigen.

Malen und Drucken

Material

Malen ist eine der kreativsten und bei Kindern beliebtesten Beschäftigungen. Zudem braucht man nicht viel Material und Zubehör: Ein paar Farben, ein Pinsel und reichlich Papier – und schon kann es losgehen.

Es ist nicht notwendig, viele Farben zu kaufen. Die meisten kann man aus Rot, Blau, Gelb, Weiß und Schwarz selbst mischen. Statt des größten Malkastens sollten Sie verschiedene Farbtypen kaufen, um Ihrem Kind mehr Möglichkeiten zum Ausleben seiner Kreativität zu geben. Plakat- und Wasserfarben sind für einfache Mal- und Druckprojekte auf Papier ideal geeignet.

Mit Acrylfarben kann man nicht nur auf Papier und Pappe, sondern auch auf Leinwand, Holz und Stein malen sowie Pappmachémodelle dekorieren.

Für Stoffe brauchen Sie Textilfarben, für Arbeiten auf Glas oder Keramik entsprechende Glas- und Keramikfarben. Achten Sie darauf, Farben auf Wasserbasis zu verwenden, da diese ungefährlicher und einfacher zu reinigen sind. Wo wir gerade vom Saubermachen sprechen: Beim Spielen mit Farbe,

insbesondere mit Acrylfarbe, sollten Sie die Arbeitsflächen und die Kleidung schützen.

Was die Pinsel betrifft, sollten Sie für Acrylfarben billige Pinsel kaufen, da diese rasch kaputtgehen, wenn sie nicht sofort ausgewaschen werden. Heben Sie die guten Pinsel lieber für Wasserfarben auf. Applikatoren und Schwämmchen eignen sich gut dafür, alle möglichen Oberflächen zu bemalen, und Wattestäbchen sind nicht nur nützlich, sondern auch noch wegwerfbar.

Checkliste

- Acryl- und Plakatfarben
- Textilfarben
- Glas- und Keramikfarben
- Pinsel
- Kleine Farbroller
- Wattestäbchen
- Papiertücher
- Plastikfolie
- Alte Kleidung
- Papier und Karton
- Schnur

Holzlöffelpuppe

Ein einfacher Holzlöffel eignet sich ideal als Puppenkopf. Die Kleidung ist optional.

Du brauchst

MATERIAL

- Holzlöffel
- Acrylfarbe
- Buntes Papier/Stoff
- Nähfaden (optional)
- Geschenkband
- Klebstoff
- Wollreste

WERKZEUG

- Pinsel
- Schere
- Nähnadel (optional)

SPIELERISCH LERNEN

- Malen
- Kleben
- Nähen

FÜR ERWACHSENE

Während das Kind malt, sollten Sie den Löffel festhalten. Die Arbeitsfläche und Kleidung sollte vorher geschützt werden.

Tipp

Acrylfarbe trocknet rasch, aber besonders Ungeduldige können gleich bei Schritt 2 anfangen.

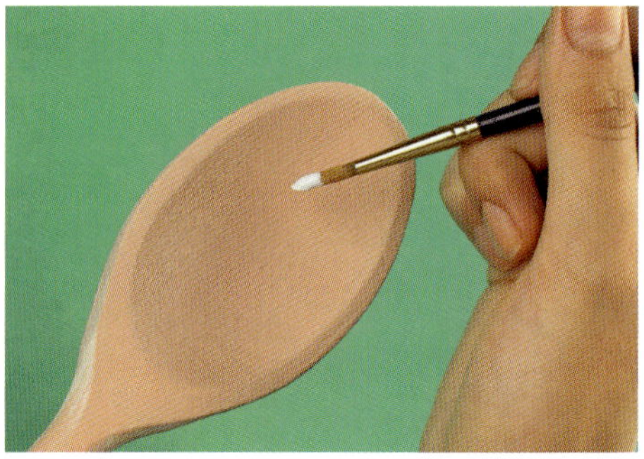

1 Die Arbeitsfläche abdecken. Den Kopf des Löffels mit einem mittelgroßen Pinsel weiß anmalen, trocknen lassen und dann mit der Lieblingsfarbe übermalen.

2 Sobald die Farbe trocken ist, mit einem kleinen Pinsel ein Gesicht aufmalen. Auf die andere Seite nach Wunsch ein Gesicht mit anderem Ausdruck malen.

3 Für die Kleidung der Puppe zwei Rechtecke aus Stoff oder Papier ausschneiden und die Seiten zusammenkleben oder -nähen. Rund um die Oberseite Heftstiche setzen und das Garn etwas überhängen lassen.

4 Am Faden ziehen, damit sich die Oberseite um den Löffelstiel zusammenzieht. Das Ganze mit einem Stück Geschenkband umwickeln und eine Schleife machen.

5 Für das Haar ein Wollbündel in der Mitte zusammenbinden. Auf den Löffelkopf kleben und dann zurechtschneiden.

Schnurdruck

Mit einem einfachen Holzklotz und etwas Schnur kannst du tolle Muster drucken.

Du brauchst

MATERIAL

- Holzklotz (z. B. Baustein oder Holzverschnitt)
- Weißleim
- Ein Stück Schnur
- Plakat- oder Acrylfarbe
- Papier

WERKZEUG

- Schere

SPIELERISCH LERNEN

- ▸ Drucken
- ▸ Sich wiederholende Muster produzieren

FÜR ERWACHSENE

Bis der Klebstoff trocken ist, ist etwas Geduld gefragt. Vielleicht bereiten Sie die Klötze an einem Tag vor und drucken dann am nächsten damit.

Tipp

Wird ein Holzverschnitt verwendet, muss dieser ganz glatt sein. Eventuell zuerst mit Sandpapier bearbeiten.

1 Eine Seite des Klotzes mit Weißleim bestreichen.

2 Den Klotz dann mit der Schnur umwickeln. Durch unterschiedliche Längen kann man unterschiedliche Muster machen.

3 Den Klotz sorgfältig trocknen lassen. Anschließend die überschüssige Schnur abschneiden, den Klotz in Farbe tauchen und auf das Papier drücken.

4 Das Ganze wiederholen, bis sich ein Muster ergibt. So entstehen hübsche Grußkarten oder – auf einem großen Blatt Papier – sogar eigenes Geschenkpapier.

Bemalte Keramik

Bemale deine Tasse ganz individuell – oder entwirf gleich ein ganzes Set.

Du brauchst

MATERIAL
- Weißes Geschirr
- Keramikfarbe

WERKZEUG
- Pinsel

SPIELERISCH LERNEN

▸ Farben auswählen und mischen

FÜR ERWACHSENE

Um die Farbe zu fixieren, muss die Keramik im Ofen gebrannt werden. Die Vorgaben des Herstellers genau beachten.

1 Runde Objekte wie Tassen oder Eierbecher auf einen Stapel Papiertücher legen, damit sie nicht wegrollen. Die erste Farbe des Designs auftragen – Streifen sind z. B. ganz einfach.

2 Sobald die erste Farbe trocken ist, die zweite auftragen. Wird ein Fehler gemacht, die Farbe sofort mit einem feuchten Tuch abwischen.

3 Danach die dritte und, falls gewünscht, vierte Farbe auftragen.

4 Mit mehr Übung können auch Blumen oder andere tolle Designs gemalt werden.

Tipp

Zum Experimentieren mit Farben und Mustern, z. B. bei einer Vase, wird die Keramik nicht gebrannt. So lässt sich das Design wieder abwaschen. Nicht gebrannte Keramikfarbe darf aber nicht mit Lebensmitteln in Kontakt kommen.

Gepunktete Schuhe

Verziere ein paar einfache Stoffschuhe mit lustigen Punkten – schon hast du schicke Partyschuhe.

Du brauchst

MATERIAL

- Helle Stoffschuhe
- Alte Zeitungen oder Tücher
- Textilfarben
- Geschenkband
- Schmuckperlen

WERKZEUG

- Holzstäbe oder Wattestäbchen

SPIELERISCH LERNEN

- Malen
- Auffädeln

FÜR ERWACHSENE

Um die Farbe zu fixieren, muss sie aufgebügelt werden, was bei der Beschaffenheit eines Schuhs schwierig ist. Lassen Sie sich etwas einfallen!

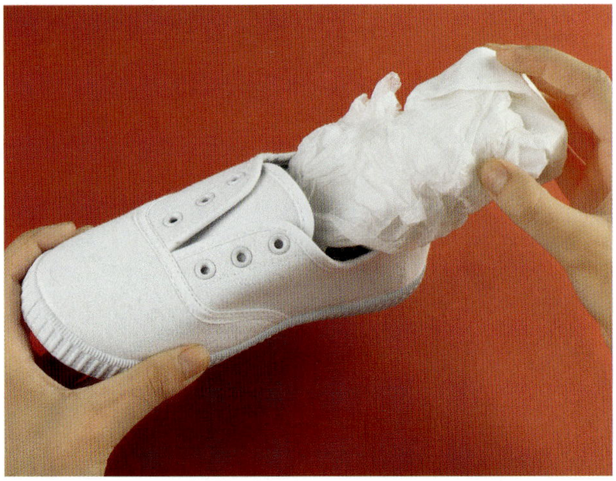

1 Die Schnürsenkel entfernen und die Schuhe mit altem Zeitungspapier ausstopfen.

2 Den Holzstab bzw. das Wattestäbchen in Farbe tauchen und Punkte auf den Schuh auftragen.

3 Die Farbe sorgfältig trocknen lassen bevor die Schnürsenkel wieder eingefädelt werden. Nach Wunsch können auch ein paar Schmuckperlen aufgefädelt oder Geschenkband verwendet werden.

Tipp

Wird Geschenkband zum Binden verwendet, die Enden mit Klebeband umwickeln, damit sie nicht ausfransen. Das macht auch das Einfädeln leichter.

Färben

Verwandle ein einfaches T-Shirt mit Kaltwasserfarben in ein buntes Kunstwerk.

Du brauchst

MATERIAL

- Baumwoll-T-Shirt
- Schnur
- Kaltwasserfarbe in Gelb, Rosa und Blau

WERKZEUG

- Plastikfolie
- Gummihandschuhe
- Eimer
- Schere

SPIELERISCH LERNEN

- ▸ Knoten machen
- ▸ Farben mischen

FÜR ERWACHSENE

Rühren Sie die Farben nach Packungsanweisung an, ältere Kinder können dabei helfen. Überwachen Sie den gesamten Färbevorgang. Helfen Sie beim Verknoten der Schnur und beim Aufschneiden.

Tipp

Wird nur der halbe Stoff eingetaucht, einen Holzstab über den Eimer legen, um die andere Hälfte abzustützen.

1 Das T-Shirt in Seifenwasser waschen, gut ausspülen und auswringen, aber nicht trocknen. Den Tisch mit Plastikfolie abdecken. Die Mitte des T-Shirts (beide Schichten) zwischen Daumen und Zeigefinger hochziehen und mit einem Stück Schnur fest umwickeln.

2 Ein zweites Stück Schnur einige Zentimeter unter der ersten um den Stoff wickeln. Das Ganze einige Male wiederholen.

3 Gummihandschuhe anziehen und im Eimer nach Anweisung des Herstellers die gelbe Farbe anrühren. Das zusammengebundene T-Shirt ganz in das Farbbad eintauchen. Etwa eine Stunde darin ziehen lassen.

4 Einige der Schnüre entfernen und dafür andere festknoten.

5 Die rosa Farbe in dem Eimer anrühren und die Hälfte des T-Shirts wieder eine Stunde eintauchen. Das T-Shirt ausspülen und dann die andere Hälfte in einem Eimer mit blauer Farbe einweichen. Nach einer Stunde sorgfältig ausspülen. Das T-Shirt anschließend gründlich waschen und dann zum Trocknen aufhängen.

Bunte Schmetterlinge

Durch das Falten des Papiers verwandelst du Farbkleckse auf magische Weise in Schmetterlinge.

Du brauchst

MATERIAL

- Festes Papier
- Farbe auf Wasserbasis, z. B. Plakatfarbe
- Filzstifte (optional)

WERKZEUG

- Pinsel oder Wattestäbchen
- Schere (optional)

SPIELERISCH LERNEN

- Mit Farbe experimentieren
- Ausschneiden

FÜR ERWACHSENE

Sobald sie das Prinzip verstanden haben, können sich Kinder bei diesem Projekt austoben. Ältere können Späne von Wachsmalstiften auf das Papier geben, dieses zusammenfalten und bügeln, wodurch das Wachs schmilzt.

Tipp

Die getrockneten Schmetterlinge können ausgeschnitten und z. B. als Teile eines Mobiles oder für eine Collage verwendet werden.

1 Ein Blatt Papier in der Mitte falten und dann wieder öffnen.

2 Auf eine Hälfte mit dem Pinsel oder Wattestäbchen zügig mehrere Farbkleckse auftragen. Die Farbe darf nicht trocknen!

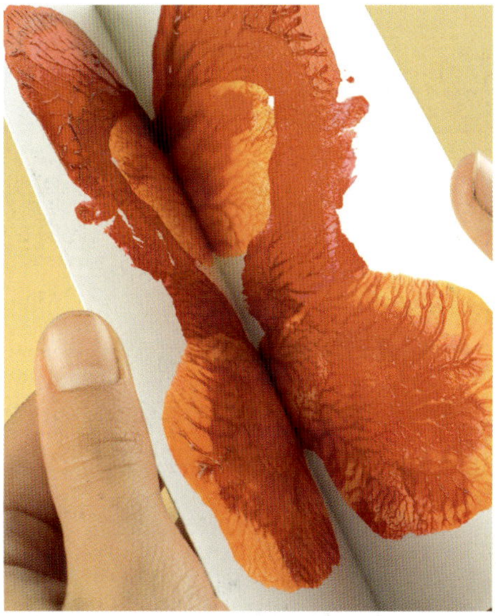

3 Das Papier falten und vorsichtig zusammendrücken. Wieder öffnen und den Schmetterling enthüllen.

4 Das Bild trocknen lassen und dann nach Wunsch mit Filzstiften Details hinzufügen.

Handarbeiten

Material

Früher lernten Kinder nähen. Auch Stricken war beliebt, und Flickarbeiten waren einfach praktisch, denn wenn Kleidung zu abgetragen war, konnte man aus den Resten noch eine gemütliche Decke machen.

Sobald sie die Grundlagen gelernt haben, können auch unsere Kinder heute eine Menge toller Sachen selbst herstellen. Ein paar einfache Stiche verwandeln Filzreste in eine Schar Fingerpuppen. Aus Baumwollresten werden Jongliersäckchen, und ein altes Sweatshirt wird zur Wintermütze.

Fangen Sie gleich an, Stoffreste, Strickwolle, Borten, Bänder, Knöpfe und Schmuckperlen zu sammeln, damit Sie stets eine Vielfalt an Materialien zur Verfügung haben. Selbst aus Plastiktüten können Sie mit wenigen Stichen lustige, bunte Kränze basteln (siehe S. 100). Nadeln sind ein wichtiger Teil der Ausrüstung, und Sie sollten immer mehrere Sorten vorrätig haben. Kleine Finger kommen beim Nähen besser mit dicken Nadeln mit großen Ösen zurecht, die entweder spitz (z. B. Stopfnadeln) oder auch stumpf (spezielle Sticknadeln) sein können. Verwendet man Stickgarn, sind ohnehin Nadeln mit großen Ösen notwendig. Zudem sollten bei kleinen Kindern alle Handarbeiten stets von Erwachsenen überwacht werden.

Stricknadeln gibt es in verschiedenen Stärken aus Metall, Plastik, Holz oder Bambus. Obwohl es verlockend ist, die dicksten Nadeln zu kaufen, können gerade Anfänger mit mittelstarken, kürzeren Nadeln am besten umgehen.

Checkliste

- Bastelfilz
- Knöpfe und Schmuckperlen
- Alte Socken und Handschuhe
- Stoff zum Besticken (Kreuzstich)
- Füllmaterial aus Polyester
- Stick- und Nähgarn
- Stricknadeln und Wolle
- Stickrahmen
- Bänder
- Nähnadeln
- Plastiktüten
- Stoffreste

Fingerpuppen

Für ein Puppenspiel brauchst du nur bunte Filzreste, eine Nadel, etwas Garn und Knöpfe oder Perlen.

Du brauchst

MATERIAL

Bunter Bastelfilz

Stickgarn

Textilklebstoff

WERKZEUG

Schere

Nadel

SPIELERISCH LERNEN

- Abmessen
- Schneiden
- Nähen

FÜR ERWACHSENE

Die Formen auszuschneiden kann für kleine Kinder schwierig sein. Am besten schneiden Sie die Stücke vorher zurecht. Auf S. 122 finden Sie eine Reihe verschiedener Vorlagen, sodass Sie alle hier gezeigten Puppen selbst nähen können.

Tipp

Kleine Finger müssen das Nähen erst einmal üben. Einige Teile dürfen daher auch geklebt werden.

1 Für den Körper einen Finger auf ein doppellagiges Stück Filz legen und großzügig drumherum malen (mindestens doppelte Fingerbreite). Alternativ die Vorlagen auf S. 122 kopieren.

2 Die Filzstücke ausschneiden. Ein Stück als Vorderseite auswählen und Kreise für die Augen mit Stickgarn aufnähen. Dann Nase und Mund festnähen.

3 Weitere Details hinzufügen. Dann die Vorder- und Rückseite der Fingerpuppe zusammennähen. Die Naht überwendlich oder als Heftstich setzen, was immer einfacher ist.

Sockenpuppe

Ist es ein Hund, eine Katze oder ein Leopard? Alles hängt vom Muster der Socke und deiner Fantasie ab.

Du brauchst

MATERIAL

- Lange Socken oder Strümpfe
- Nähgarn in Sockenfarbe
- Aufnähbare Augen
- Einige dünne Schnüre
- Kleine Filzreste in Rot und Schwarz

WERKZEUG

- Schere
- Nähnadel

SPIELERISCH LERNEN

- Abmessen
- Schneiden
- Nähen

FÜR ERWACHSENE

Kleine Kinder ohne Näherfahrung benötigen wahrscheinlich viel Hilfe.

1 Das Innere der Socke nach außen drehen. Die Ferse flach hinlegen und in der Mitte eine V-Form ausschneiden. Die Kanten als Ohren zusammennähen und die Socke wieder richtig herum drehen.

2 Die Zehenpartie als Maul nach innen stülpen. Den Faden doppelt nehmen, rund um das Maul herum einen Heftstich setzen, zusammenziehen und festknoten.

3 Die Augen aufnähen. Einige Stücke Schnur als Schnurrhaare zurechtschneiden und diese in der Mitte über dem Maul festnähen.

4 Aus schwarzem Filz ein Nasendreieck ausschneiden; über den Schnurrhaaren festnähen. Eine Ecke des Dreiecks sollte über den Rand des Mauls nach innen geklappt werden.

5 Aus dem roten Filz eine Zunge ausschneiden und diese im Maul festnähen.

Tipp

Welche Art Puppe entsteht, hängt von der Socke ab. Aus einer gestreiften Socke wird ein Tiger oder ein Zebra, aus einer grauen eine Maus. Fantasie ist gefragt!

Schneemann

Mit ein paar alten Socken und wenigen Stichen hast du im Handumdrehen einen Schneemann gebastelt.

Du brauchst

MATERIAL

- Weiße Socke
- Einlegematerial
- Füllmaterial
- Weißes Nähgarn
- Filzreste in Orange und Schwarz
- Gestreifte Socke
- Wollreste

WERKZEUG

- Schere
- Nähnadel
- Stricknadeln

SPIELERISCH LERNEN

- ▶ Abmessen
- ▶ Schneiden
- ▶ Nähen
- ▶ Stricken
- ▶ Recycling

FÜR ERWACHSENE

Kinder, die wenig Übung im Nähen oder Stricken haben, brauchen hier viel Hilfe. Ältere Kinder lernen die nötigen Fähigkeiten meist schnell.

1 Die Socke knapp unterhalb der Ferse abschneiden.

2 Aus dem Einlegematerial einen 6 cm großen Kreis ausschneiden und diesen als Basis in die Zehen der Socke legen. Den Körper des Schneemanns mit Füllmaterial ausstopfen.

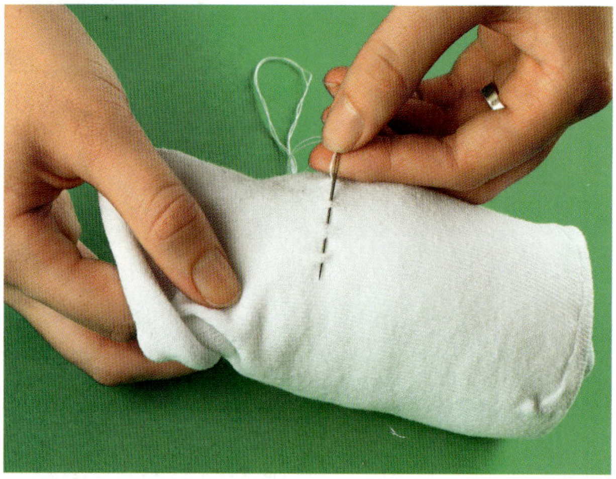

3 Das Nähgarn doppelt nehmen und etwa 9 cm oberhalb der Basis außen festknoten. Rund um die Socke einen Heftstich setzen.

Fortsetzung umseitig

Schneemann

Fortsetzung

4 Den Faden zusammenziehen, um den Hals des Schneemannes zu bilden.

5 Den Kopf ausstopfen und etwa 5 mm unterhalb des Endes eine weitere Heftnaht setzen, zusammenziehen und festknoten.

6 Aus dem orangefarbenen Filz einen Viertelkreis ausschneiden. Diesen zu einer kegelförmigen Nase aufrollen und zusammennähen. Die Nase dann am Kopf annähen.

7 Kleine Kreise aus dem schwarzen Filz ausschneiden und als Augen, Mund und Knöpfe festnähen.

8 Für den Hut die Oberseite einer farbigen Socke etwa 8 cm unter dem Bund abschneiden. Die Schnittkante nach innen falten und rundherum eine Heftnaht setzen. Die Naht festziehen und verknoten.

9 Für den Schal vier Maschen aufnehmen und einen ca. 20 cm langen Schal stricken. (Eine Strickanleitung finden Sie auf Seite 93.)

Tipp

Aus farbigen Socken kann man weitere Figuren basteln und dazu auch Techniken aus dem Handschuhhasenprojekt (siehe S. 82) anwenden.

Handschuhhase

Verwandle alte Handschuhe und Socken in bunte, lustige Spielkameraden!

Du brauchst

MATERIAL

Handschuh
Nähgarn
Knöpfe
Socke
Füllmaterial

WERKZEUG

Schere
Nähnadel

SPIELERISCH LERNEN

- Schneiden
- Nähen
- Ausstopfen
- Zusammensetzen

FÜR ERWACHSENE

Helfen Sie Ihrem Kind durch die einzelnen Schritte und ermutigen Sie es, alles selbst zu versuchen.

Tipp

Soll das Spielzeug für ein sehr kleines Kind sein, keine Knöpfe verwenden, da diese verschluckt werden können.

1 Das Innere des Handschuhs nach außen drehen und den Daumen sowie die beiden mittleren Finger abschneiden.

2 Die Kanten zusammennähen und den Handschuh wieder umdrehen. Knöpfe als Augen annähen.

3 Ein 15 cm langes Stück von der Socke abschneiden und von innen nach außen drehen. An einem Ende zwei gegenüberliegende, 4 cm tiefe Einschnitte machen.

Fortsetzung umseitig

Handschuhhase

Fortsetzung

4 Die beiden abgeschnittenen Finger leicht ausstopfen und so an den Sockeneinschnitten festnähen, dass die Finger ins Innere der Puppe zeigen – denn für schön glatte Außenkanten ist die Socke ja noch auf Links gedreht.

5 Die Socke wieder nach Außen drehen und ein paar Knöpfe annähen. Rund um den „Körper" oben eine Naht setzen und diese leicht zusammenziehen. Dann den Handschuhkopf hineinstecken und am Hals festnähen.

6 Den Kopf und den Körper ausstopfen und die Öffnung am unteren Ende zunähen.

Tipp

Das Ergebnis hängt von der Größe und Farbe der Handschuhe und Socken ab. Seien Sie kreativ!

9

Fleecemütze

Diese tolle Mütze besteht aus zwei Fleecequadraten und ist eine gute Recyclingmöglichkeit.

Du brauchst

MATERIAL

Fleecestoff

WERKZEUG

Lineal

Schere

Nadel und Faden

SPIELERISCH LERNEN

- Abmessen
- Schneiden
- Nähen

FÜR ERWACHSENE

Kleine Kinder brauchen vermutliche Hilfe beim Nähen, ältere Kinder können auch eine Nähmaschine benutzen.

Tipp

Diese Mütze ist sehr vielseitig. Man kann die Ecken zusammennähen oder herunterhängen lassen. Ein altes Sweatshirt eignet sich gut.

1 Zwei 30 cm große Quadrate aus dem Fleece ausschneiden. Beide übereinanderlegen und drei Seiten zusammennähen.

2 Die Mütze von innen nach außen drehen, sodass die Nähte innen sind. Aus andersfarbigem Fleece einen Stern (siehe S. 123) ausschneiden und vorne auf die Mütze nähen.

3 Bunte Fleecestreifen zu Bündeln zusammenbinden, sodass Quasten entstehen. Diese an die Mütze nähen.

4 Die Unterkante der Mütze einmal hochkrempeln.

Jongliersäckchen

Im Gegensatz zu einem Ball rollen diese Säckchen nicht weg – ideal zum Jonglieren oder Werfen.

Du brauchst

MATERIAL

- Stoffreste
- Nähgarn
- Getrocknete Erbsen, Bohnen oder Linsen

WERKZEUG

- Schere
- Nadel

SPIELERISCH LERNEN

- ▸ Abmessen
- ▸ Schneiden
- ▸ Nähen
- ▸ Farben abstimmen

FÜR ERWACHSENE

Nähen kann für kleine Finger schwierig sein, daher sollten Sie dabei helfen. Kleinen Kindern macht vor allem das Befüllen der Säckchen Spaß.

1 Aus dem Stoff 10 cm große Quadrate ausschneiden. Zwei Quadrate mit den Außenseiten nach innen übereinanderlegen.

2 Die Quadrate an drei Seiten etwa 1 cm unterhalb der Ränder zusammennähen. Die Stiche sollten fest und eng beieinander sein.

3 Die Ecken abschneiden und das Säckchen dann wieder umdrehen.

4 Das Säckchen zu zwei Dritteln mit den Hülsenfrüchten füllen.

5 Die Kanten der vierten Seite nach innen falten und genau in der Mitte übernähen.

Tipp

Die Naht darf keine großen Löcher haben, damit die Füllung nicht herausfällt. Ältere Kinder können dafür eine Nähmaschine benutzen.

Regenbogen-Flipflops

Hier ist ein toller Vorschlag, wie du aus einfachen Flipflops tolle Partysandalen machen kannst.

Du brauchst

MATERIAL

Dünnes, glattes Band (80 cm Lila und je 60 cm Rosa, Grün und Blau)

4 Holzperlen
1 Paar GummiFlipflops

WERKZEUG

Schere

Lineal

SPIELERISCH LERNEN

- Abmessen
- Schneiden
- Perlen auffädeln
- Knoten binden

FÜR ERWACHSENE

Helfen Sie kleinen Kindern beim Abmessen und Schneiden der Bänder. Zeigen Sie, wie man einen Knoten bindet.

1 Das lilafarbene Band in vier 20 cm lange Stücke schneiden, die anderen Bänder in je sechs 10 cm lange Stücke. Die Enden schräg zuschneiden, damit sie nicht ausfransen.

2 Ein lilafarbenes Band auf die Arbeitsfläche legen und je drei der anderen Bänder mittig drauflegen.

3 Das lilafarbene Band um die anderen Bänder herumknoten, eine Holzperle auffädeln und diese ebenfalls festknoten.

4 Das Bündel auf dem Flipflop festknoten. Eine Holzperle auf ein zweites lilafarbenes Band fädeln und dieses über dem Bündel und entlang des Zehenstegs festknoten.

Tipp

Anstatt der hier gezeigten Bänder und Perlen können auch andere Dekorationen verwendet werden.

Strickschal

Stricken macht Spaß! Einen selbstgestrickten Schal zu tragen ist ein tolles Gefühl!

Du brauchst

MATERIAL

Strickwolle in verschiedenen Farben

WERKZEUG

Schere

Stopfnadel

1 Paar Stricknadeln (5 mm)

SPIELERISCH LERNEN

- Stricken

FÜR ERWACHSENE

Wenn Sie stricken können, bringen Sie es Ihren Kindern bei. Diese Anleitung reicht aus, um ein einfaches rechteckiges Teil zu stricken, aus dem man z. B. einen Schal, einen Kissenbezug oder Quadrate zum Zusammennähen für eine Decke machen kann. Auch die Mütze auf S. 86 kann aus gestrickten Quadraten hergestellt werden.

1 Einen Laufknoten in die Wolle machen und die Schlaufe über die Nadel ziehen. Die Nadel in der linken Hand halten. Die andere Nadel in die Schlaufen stecken, die Wolle einmal um diese Nadel legen. Das Ende der Nadel unter die Wolle schieben, um die Masche aufzunehmen. Die Masche auf die linke Nadel schieben und wiederholen.

2 Sobald auf der linken Nadel 18 Maschen sind, eine neue Reihe beginnen. Die rechte Nadel durch die letzte Masche stecken, die Wolle einmal darumlegen und durch die Masche auf die rechte Nadel ziehen. Die Masche von der linken Nadel schieben – die neue Masche befindet sich nun auf der rechten Nadel.

3 Schritt zwei wiederholen, bis das Ende der Reihe erreicht ist. Dann die Arbeit umdrehen und die nächste Reihe stricken.

Fortsetzung umseitig

Strickschal

Fortsetzung

4 Weiterstricken, bis es Zeit für einen Farbwechsel ist. Am Ende der Reihe den Wollfaden (nicht zu kurz!) abschneiden und in einer neuen Farbe zu stricken beginnen. Die beiden Fäden miteinander verknoten.

5 Weiterstricken und nach Belieben Farben wechseln, damit lustige Streifen entstehen. Ist der Schal lang genug, abketten. Dafür zwei Maschen stricken und die erste Masche mit der Spitze der rechten Nadel über die zweite heben. Eine weitere Masche stricken und die vorherige darüberheben. Bis zum Ende der Reihe weitermachen.

6 Zuletzt die Wollenden einweben. Achtung, nicht einfach abschneiden, sonst fällt der Schal bald auseinander! Die Enden in eine Sticknadel fädeln und unter die ersten Maschen ziehen, dann die Reste vorsichtig abschneiden.

Tipp

Mit kurzen Plastik- oder Bambusnadeln, die weder zu dünn noch zu dick sind, lernen Kinder am leichtesten. Anstatt der 5-mm-Nadeln können auch dickere oder dünnere verwendet werden, das Ergebnis ist dann fester oder lockerer.

Patchwork-Kissen

Bastle aus bunten Stoffresten ein farbenfrohes Kissen für dein Zimmer.

Du brauchst

MATERIAL

- Baumwollstoff-Reste
- Nähgarn
- Kissen (24 cm Seitenlänge)

WERKZEUG

- Lineal
- Schere
- Bleistift
- Nähnadel
- Bügeleisen

SPIELERISCH LERNEN

- Abmessen und Schneiden
- Stoffe auswählen und kombinieren
- Nähen

FÜR ERWACHSENE

Beaufsichtigen Sie das Schneiden und Nähen. Bügeln Sie die Nähte. Ältere Kinder können zum Nähen eine Nähmaschine benutzen.

Tipp

Waschbaren Baumwollstoff verwenden! Da die Quadrate nur 10 cm groß sind, reichen oft auch kleine Stoffreste.

1 Neun Stoffquadrate von je 10 cm ausschneiden. Auf der Arbeitsfläche ausbreiten, um festzulegen, welcher Stoff an welcher Stelle positioniert werden soll.

2 Zwei der Quadrate aufeinanderlegen (mit den Außenseiten nach innen) und an einer Seite 1 cm unter dem Rand zusammennähen.

3 Ein drittes Quadrat hinzufügen und an eines der beiden anderen annähen.

Fortsetzung umseitig

Patchwork-Kissen

Fortsetzung

Tipp

Ein Steppstich sorgt für eine starke Naht; die Öffnung mit einem Saumstich schließen.

4 Die restlichen Quadrate ebenfalls in Dreierreihen zusammennähen. Die Nähte heiß bügeln. Nun zwei der Dreier-Streifen zusammennähen, dann den dritten anfügen und wieder die Nähte bügeln.

5 Ein 26 cm großes Stück Stoff als Rückseite des Kissens zuschneiden. Die Vorder- und Rückseite mit den Außenseiten nach innen übereinanderlegen. Drei Seiten des Bezugs 1 cm unterhalb der Ränder zusammennähen.

6 Den Kissenbezug von innen nach außen drehen, das Kissen hineinstecken und die Öffnung mit einem Saumstich verschließen.

Kreuzstichbild

Der Kreuzstich ist ein guter Weg, nähen zu lernen. Außerdem kannst du eigene Entwürfe umsetzen.

Du brauchst

MATERIAL

- Millimeterpapier
- Filzstifte
- Kreuzstichstoff
- Stickgarn

WERKZEUG

- Schere
- Stickrahmen
- Stumpfe Nähnadel

SPIELERISCH LERNEN

- Motiv entwerfen
- Einfädeln
- Sticken
- Muster einhalten

FÜR ERWACHSENE

Zeigen Sie Ihrem Kind, wie man einen Kreuzstich setzt und sich an ein Muster hält.

Tipp

Kreuzstichstoff gibt es in verschiedenen Stärken. Für Anfänger eignet sich grober Stoff (Aida) mit 10–12 Löchern pro 2,5 cm, für kleine Kinder Binca.

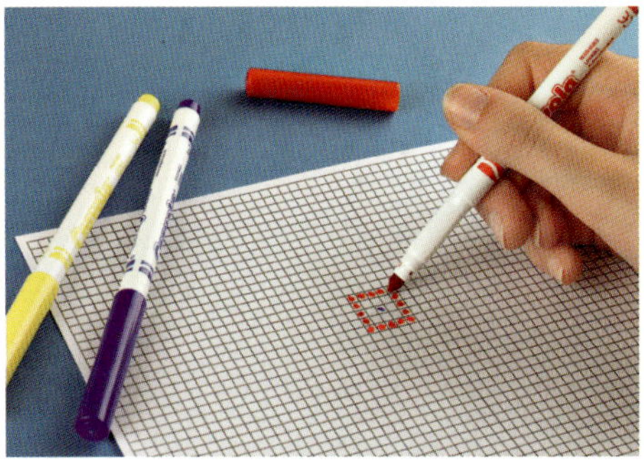

1 Ein Muster auswählen – Vorlagen gibt es auf S. 123–125; eigene Entwürfe sind natürlich auch toll. Ein Quadrat auf dem Millimeterpapier steht für einen Kreuzstich.

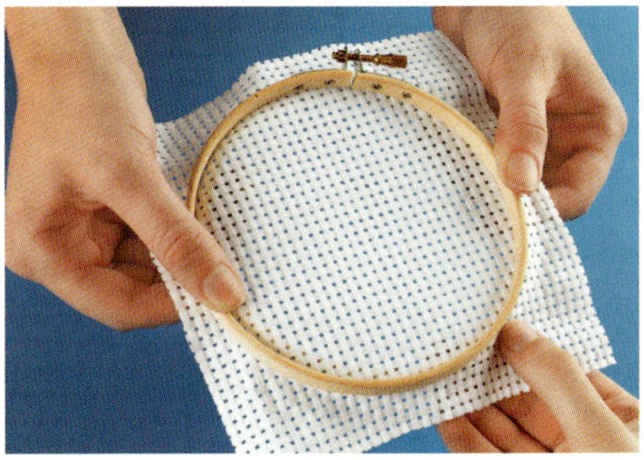

2 Den Stoff in den Stickrahmen spannen. Das macht das Sticken viel einfacher.

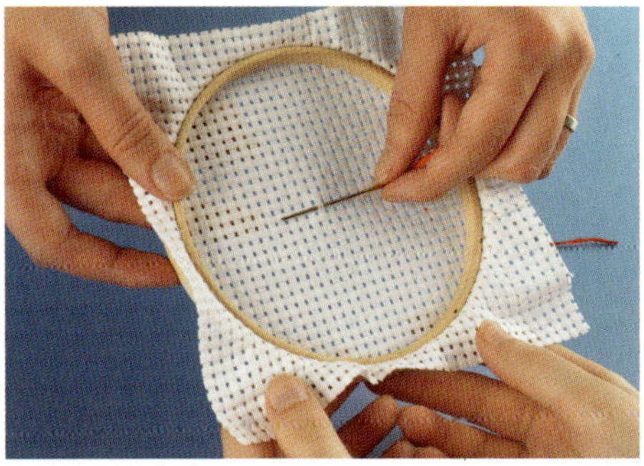

3 Das Stickgarn einfädeln und auf der Rückseite des Stoffs durch ein paar Fäden ziehen, damit es nicht wieder herausrutscht.

4 Die Nadel von unten durch eines der Löcher stechen. Für einen Kreuzstich die Nadel dann wieder durch ein Loch diagonal gegenüber des ersten stechen, dann einen zweiten Stich diagonal über den ersten setzen.

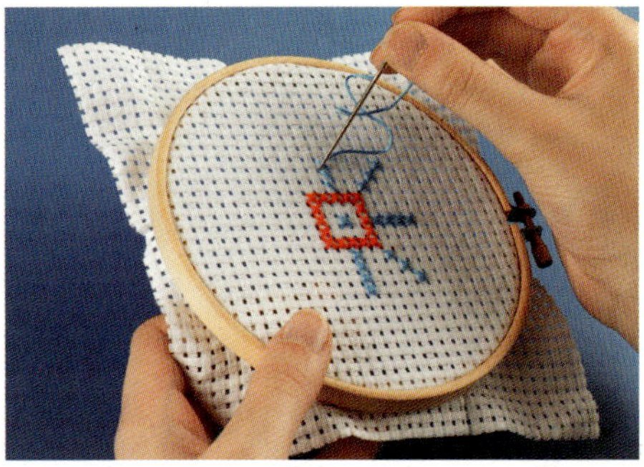

5 Das vorgefertigte Muster (auf dem Millimeterpapier) auf dem Stoff genau kopieren.

Hula-Hula-Kranz

Kaum zu glauben, dass diese tollen Kränze für Partys und zum Verkleiden aus alten Plastiktüten bestehen!

Du brauchst

MATERIAL

Plastiktüten

Seidenpapier

Nähgarn

WERKZEUG

Schere

Nähnadel

SPIELERISCH LERNEN

- ▶ Farben auswählen und kombinieren
- ▶ Nähen
- ▶ Schneiden
- ▶ Verkleiden

FÜR ERWACHSENE

Kleine Kinder brauchen beim Nähen vermutlich Hilfe, ältere können eine Nähmaschine benutzen, damit es schneller geht.

Tipp

So viele verschiedenfarbige Tüten wie möglich sammeln und mit buntem Seidenpapier kombinieren.

1 Plastiktüten und Seidenpapier in 10 cm breite und 80 cm lange Streifen schneiden. Falls die Streifen kürzer sind, können sie verbunden werden.

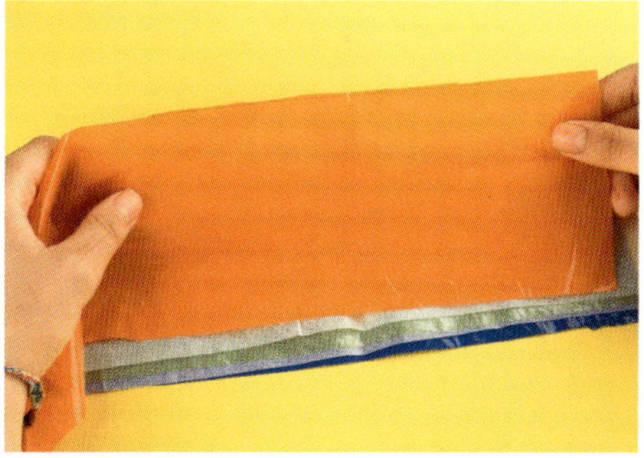

2 Auf der Arbeitsfläche abwechselnd Plastik- und Papierstreifen übereinanderschichten. Die Enden ggf. 2 cm überlappen lassen, damit die Länge stimmt.

3 Mit einem doppelten Faden genau in der Mitte des Stapels eine Naht durch alle Schichten setzen. Eine zweite Naht darübernähen. Dann die beiden Enden des Stapels zusammennähen.

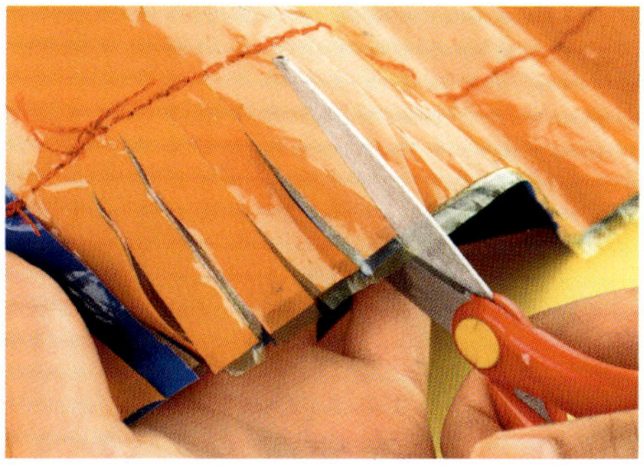

4 Nun den gesamten Kranz vom Rand bis zur Naht rundherum so einschneiden, dass Fransen entstehen. Aufpassen, dass die Naht nicht durchgeschnitten wird!

5 Den Kranz in der Hand kräftig zerknautschen, damit ein hübscher Knittereffekt entsteht. Der Kranz ist nun fertig zum Tragen.

Naturprojekte

Material

Wenn man in der Natur unterwegs ist – im Park, auf dem Land oder auch am Meer –, macht es viel Spaß, Dinge wie Zweige, Steine, Muscheln oder Treibholz zu sammeln.

Vielleicht haben Sie auch einen Garten, in dem es allerlei natürliche Materialien wie Stöcke, Blätter und alte Blumentöpfe zu finden gibt.

Ist es dann einmal zu nass oder kalt, um nach draußen zu gehen, kann man die gesammelten Materialien nutzen und daraus hübsche Dinge basteln. Ob aus Zweigen eine Halterung für ein Windspiel oder eine Rassel wird, ob Sie die Farben herausholen um Kartoffel- oder Blattdrucke zu machen bzw. um einen Blumentopf, hölzerne Eisstiele oder Kieselsteine zu dekorieren – in diesem Kapitel finden Sie reichlich Vorschläge für jede Wetterlage. Andere Dinge, die Sie brauchen, finden Sie rasch im Werkzeugkoffer, in der Garage, der Küche oder im Schrank, deshalb sollten Sie alles stets gründlich durchsuchen, bevor es losgeht.

Einige der Projekte sind dazu gedacht, im Garten oder auf der Terrasse ausgestellt zu werden, andere geben tolle Geschenke ab.

Checkliste

- Blätter
- Blumentöpfe aus Ton
- Zweige
- Eisstiele aus Holz
- Schnur und Gummiband
- Kartoffeln
- Kieselsteine
- Acrylfarben
- Plakatfarben
- Pinsel
- Papier
- Textilfarben

Blattdrucke

Erfreue dich an der Schönheit der Natur, indem du mit Blättern kleine Kunstwerke zauberst.

Du brauchst

MATERIAL

- Festes Papier
- Frische Blätter
- Acryl- oder Plakatfarbe (auf Wasserbasis)

WERKZEUG

- Palette (z. B. Plastik-Unterteller)
- Kleiner Farbroller
- Schere

SPIELERISCH LERNEN

- Farbe auftragen
- Drucken
- Muster erschaffen

FÜR ERWACHSENE

Helfen Sie bei der Auswahl geeigneter Blätter. Frische Blätter sind besser als trockene. Ein Blatt sollte mehrere Druckvorgänge aushalten, bevor es zu feucht wird.

Tipp

Blattdrucke eignen sich für Grußkarten, Bilder und Geschenkpapier. Aus einzelnen Drucken kann man Geschenkanhänger oder – als Kette – eine Partydekoration machen.

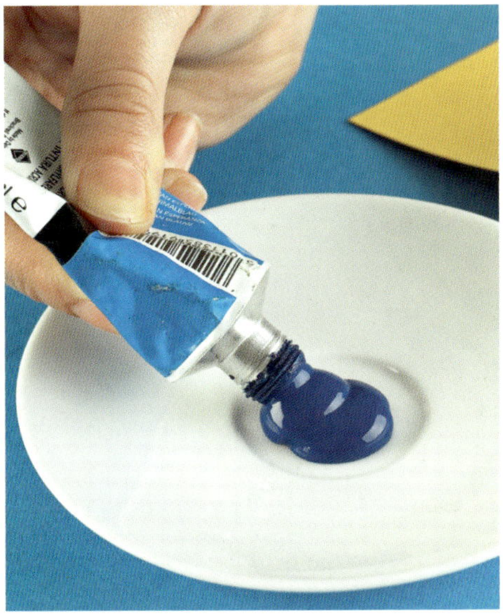

1 Ein Stück Karton in der Mitte zur Grußkarte falten. Etwas Farbe auf einen Teller oder eine ähnliche Unterlage geben.

2 Ein Blatt mit kräftigen Adern ergibt die schönsten Resultate. Den Farbroller oder Schwamm dünn mit Farbe benetzen und die Unterseite des Blatts damit bestreichen.

3 Das Blatt vorsichtig auf die Vorderseite der Karte drücken und dann langsam wieder abheben.

4 Ein Blatt eignet sich für bis zu sechs Drucke. Einen zur Karte passenden Umschlag ebenfalls mit einem Blatt bedrucken.

Bemalter Blumentopf

Deine hübsch bemalten Blumentöpfe kannst du dann bepflanzen. Auf dem Fensterbrett sehen sie toll aus.

Du brauchst

MATERIAL

- Blumentopf aus Terrakotta
- Weiße Grundierfarbe
- Acrylfarben

WERKZEUG

- Pinsel

SPIELERISCH LERNEN

- ▶ Dreidimensionale Objekte bemalen
- ▶ Geduldig sein, während die Farbe trocknet

FÜR ERWACHSENE

Das Anstreichen des Topfs mit weißer Farbe sorgt für eine gute Basis zum anschließenden Bemalen. Der Ton nimmt die Farbe auf, sodass diese schnell trocknet und man nicht lang warten muss.

Tipp

Die Arbeitsfläche vor Beginn abdecken. Zeitungs- oder Küchenpapier unter dem Topf sorgt dafür, dass dieser nicht wegrollt.

1 Die Außenseite des Topfs mit weißer Farbe grundieren und gut trocknen lassen.

2 Nun den Topf in den gewünschten Farben anmalen. Danach wieder gut trocknen lassen.

3 Zuletzt bunte Muster, z. B. Streifen oder Kreise, auf den Topf malen.

Pflanzstäbchen aus Holz

Mit flachen, hölzernen Stielen kannst du deine frisch ausgesäten Pflanzen fantasievoll markieren.

Du brauchst

MATERIAL

- Holzstiele (z. B. von Eis)
- Acrylfarben
- Wasserfester Stift (optional)

WERKZEUG

- Pinsel

SPIELERISCH LERNEN

- Malen
- Muster ausdenken
- Pflanzennamen lernen

FÜR ERWACHSENE

Die Stiele können zur Vorbereitung weiß grundiert werden. Dies verhindert, dass das Holz die bunten Farben aufsaugt und lässt diese schöner leuchten.

Tipp

Mit den Stäbchen lassen sich – während man auf den ersten Spross wartet – z. B. Stellen markieren, an denen Samen ausgesät wurden.

1 Jeden Stiel vorn und hinten weiß grundieren und die Farbe gut trocknen lassen.

2 Nun den Stiel in deiner Wunschfarbe anmalen und wieder trocknen lassen.

3 Den Stiel nun fantasievoll mit bunten Mustern verzieren und ggf. den Namen der Pflanze mit einem wasserfesten Stift draufschreiben.

Kartoffeldrucke

Dekoriere einen Kissenbezug mit bunten Mustern – und verwende eine Kartoffel als Stempel!

Du brauchst

MATERIAL

- Kartoffel
- Saugfähiges Papier
- Acryl-, Plakat- oder Textilfarbe
- Papier oder Stoff

WERKZEUG

- Scharfes Messer
- Pappteller
- Bürste, Schwamm oder kleinen Farbroller

SPIELERISCH LERNEN

- Drucken

FÜR ERWACHSENE

Das Zuschneiden der Kartoffel sollte durch einen Erwachsenen erfolgen.

Tipp

Mit einer Kartoffel können mehrere Drucke entstehen. Dazu die alte Druckfläche abschneiden. Wird auf Stoff gedruckt, eine alte Zeitung unterlegen. Wird ein T-Shirt bedruckt, eine dicke Schicht Papier hineinlegen, damit das Muster nicht auf die Rückseite durchdruckt. Textilfarben verwenden.

1 Eine Kartoffel halbieren. Auf die Schnittfläche ein Muster zeichnen.

2 Mit einem kleinen, scharfen Messer um die Umrisse herum die überstehende Kartoffel wegschneiden. Die Flüssigkeit von der Oberfläche abwischen.

3 Etwas Farbe auf den Pappteller geben. Für Stoff Textilfarbe, für Papier Acryl- oder Plakatfarbe verwenden. Die Farbe mit einer Bürste, einem Schwamm oder einem Farbroller auf die Kartoffel auftragen.

4 Den Kartoffelstempel auf die Unterlage drücken und vorsichtig wieder abheben. Mit verschiedenen Formen und Farben tolle Muster drucken.

Zweigrassel

Verzier einen gegabelten Zweig mit rasselnden Objekten – Perlen und Glöckchen sind besonders geeignet.

Du brauchst

MATERIAL

- Gegabelter Zweig
- Gummiband
- Holz- bzw. Plastikperlen und andere Dinge
- Glöckchen oder Schellen

WERKZEUG

- Schere

SPIELERISCH LERNEN

- ▸ Auffädeln und Knoten

FÜR ERWACHSENE

Suchen Sie einen geeigneten Zweig und bereiten Sie diesen vor, damit er glatt ist. Eventuell mit Sandpapier abreiben, damit es keine Splitter gibt.

Tipp

Anstelle einer Rassel kann man auch eine Vogelscheuche basteln, indem Streifen aus Alufolie hinzugefügt werden. Anschließend den Zweig im Garten in den Boden stecken.

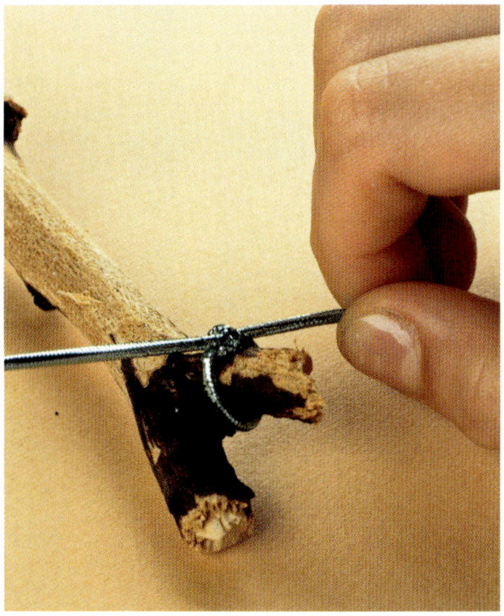

1 Zur Vorbereitung ggf. die Rinde des Zweigs abschälen. Ein Ende eines langen Gummibands fest an ein Ende der Gabel knoten.

2 Einige Schmuckperlen und Glöckchen auffädeln.

3 Das Gummiband an das andere Ende der Gabel knoten. Ein zweites Stück Band darunter anknoten und weitere Gegenstände auffädeln.

4 Das Band am anderen Ende festknoten und weitere Bänder anfertigen.

Bemalte Kiesel

Glatte Kieselsteine sind ideale Unterlagen, auf denen du dich einmal richtig kreativ austoben kannst.

Du brauchst

MATERIAL

- Kieselsteine
- Weiße Acryl- oder Grundierfarbe
- Bunte Acrylfarbe
- Acryllack (optional)

WERKZEUG

- Mittelgroßer Pinsel
- Feiner Pinsel

SPIELERISCH LERNEN

- Malen
- Entwerfen
- Farben auswählen und mischen

FÜR ERWACHSENE

Die Arbeitsfläche sorgfältig abdecken und auch die Kleidung schützen, z. B. mit einer Schürze. Besprechen Sie vorher Designideen mit Ihren Kindern.

Tipp

Die fertigen Kiesel können einzeln auf dem Fensterbrett oder zusammen in einem Körbchen oder einer Schüssel ausgestellt werden. Klarlack macht die Farben ggf. wetterbeständig.

1 Die Oberseite des Kiesels mit weißer Grundierung anmalen und trocknen lassen.

2 Für einen Marienkäfer den Stein rot anmalen und trocknen lassen.

3 Mit dem feinen Pinsel und schwarzer Farbe den Kopf und die Punkte aufmalen. Den Stein nach dem Trocknen ggf. mit Klarlack schützen.

4 Es muss kein Marienkäfer sein – deiner Fantasie sind keine Grenzen gesetzt.

Windspiel

Draußen aufgehängt oder nahe einer offenen Tür oder eines Fensters klimpert dein Windspiel geheimnisvoll.

Du brauchst

MATERIAL

Schnur

Verschiedene Steine, Muscheln, Knöpfe usw.

Fester Ast

WERKZEUG

Schere

SPIELERISCH LERNEN

- Geeignete Objekte auswählen
- Knoten binden

FÜR ERWACHSENE

Organisieren Sie zum Finden geeigneter Objekte eine Schatzsuche. Am besten eignen sich Dinge wie Muscheln und Steine, aber auch Löffel und andere Metallgegenstände, Knöpfe und kleine Spielzeuge.

Tipp

Das Windspiel eignet sich auch gut zum Abschrecken von Vögeln.

1 Eines der Objekte an eine kurze Schnur binden.

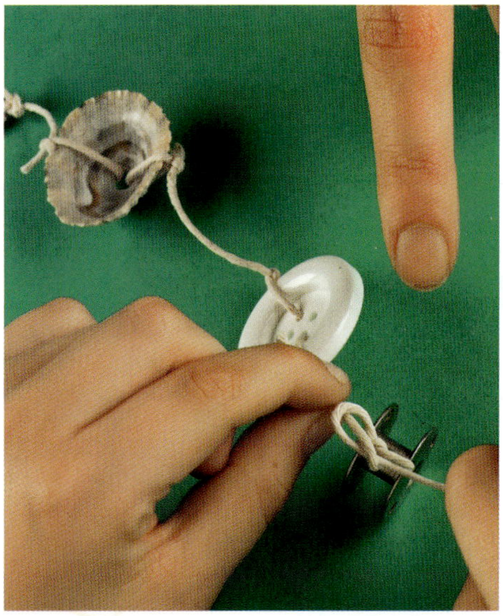

2 Das andere Ende der Schnur an ein zweites Objekt binden. Eine weitere Schnur daran festbinden und am anderen Ende ein drittes Objekt hinzufügen.

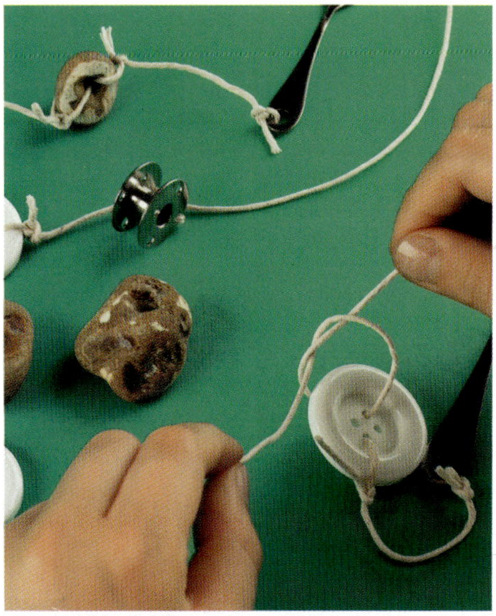

3 Weitermachen, bis eine Kette aus mehreren Gegenständen entstanden ist. Anschließend weitere Ketten basteln.

4 Zuletzt die Ketten nebeneinander an einen Ast knoten. Ein etwas längeres Stück Schnur zum Aufhängen des Astes an dessen Enden binden.

Vorlagen

Papierherzen
(S. 22)

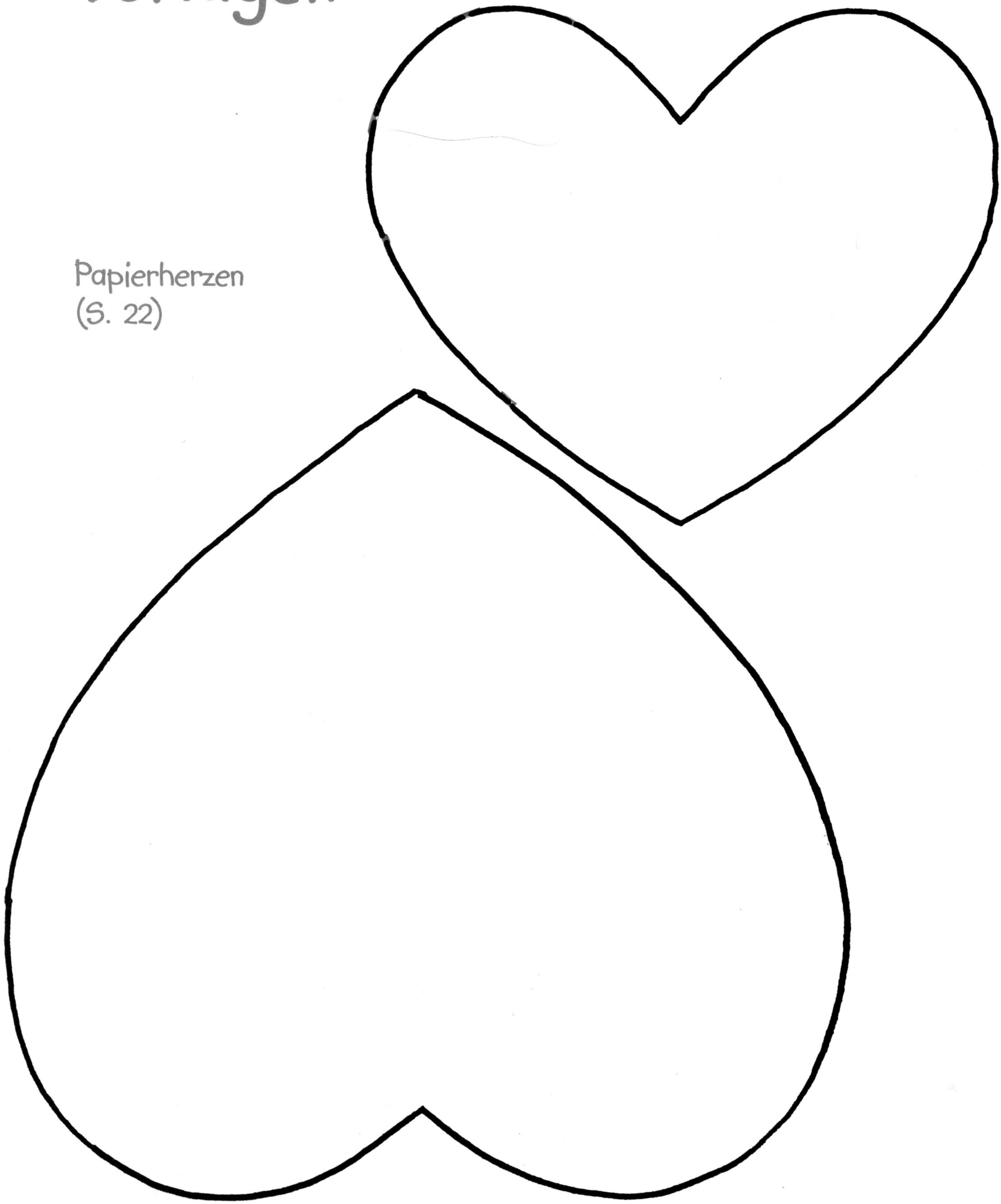

Angelspiel
(S. 30)

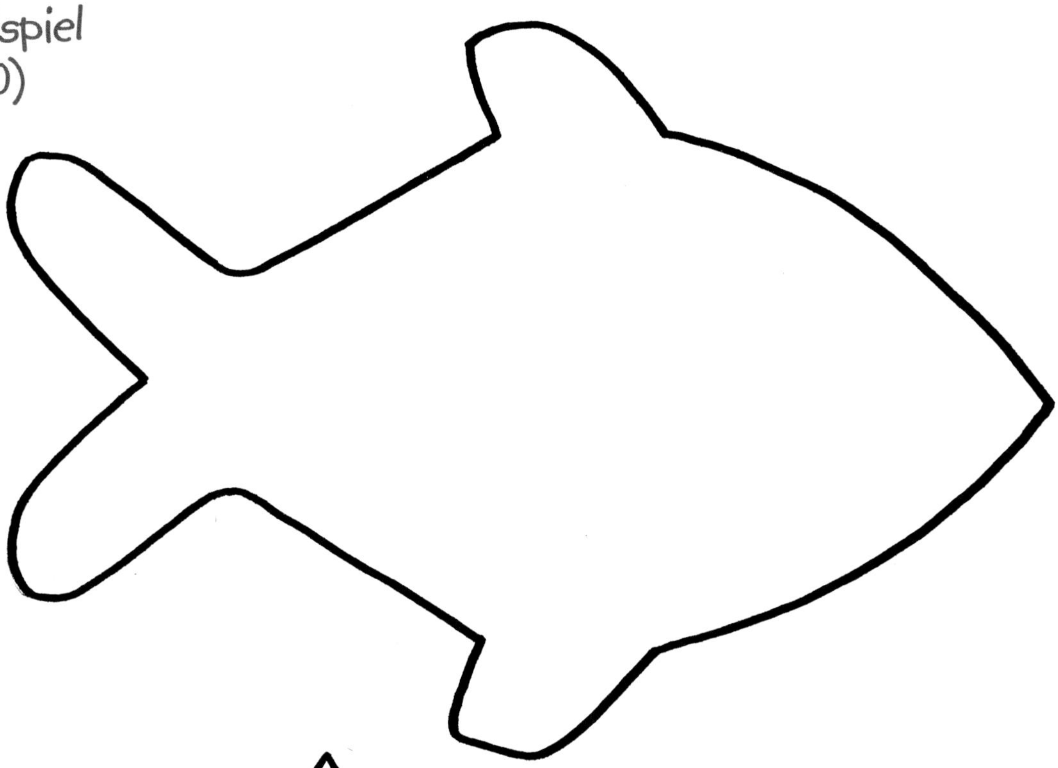

Zauberstab
(S. 42)

Fingerpuppen
(S. 74)

Fleecemütze
(S. 86)

Kreuzstichbild (S. 98)

Kreuzstichvarianten
(S. 98)

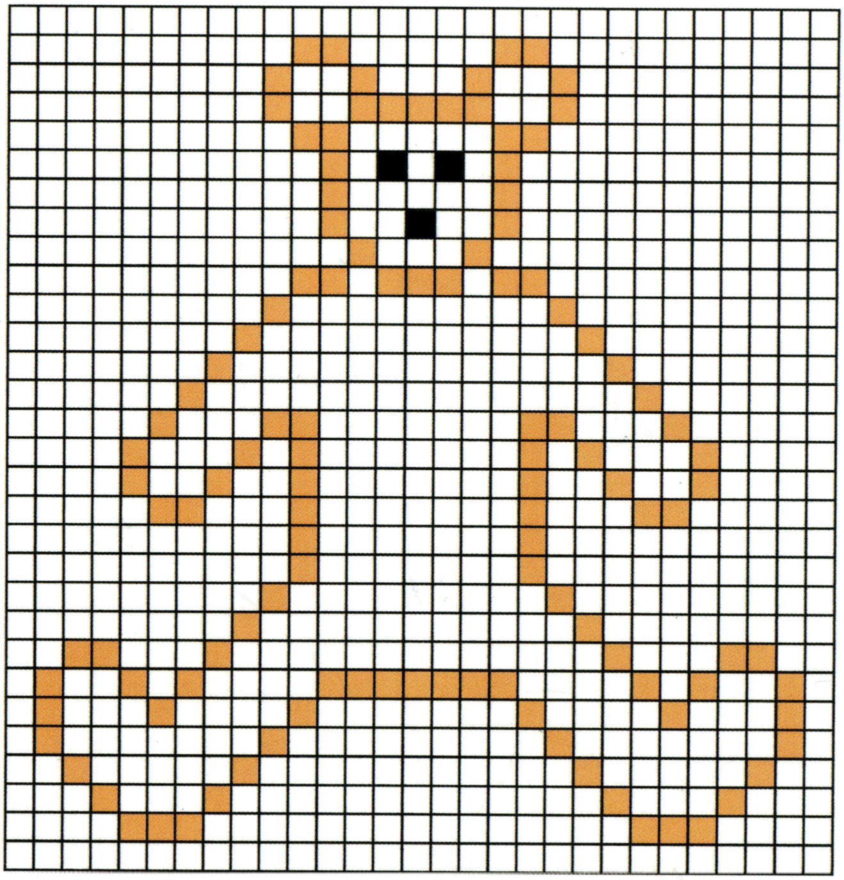

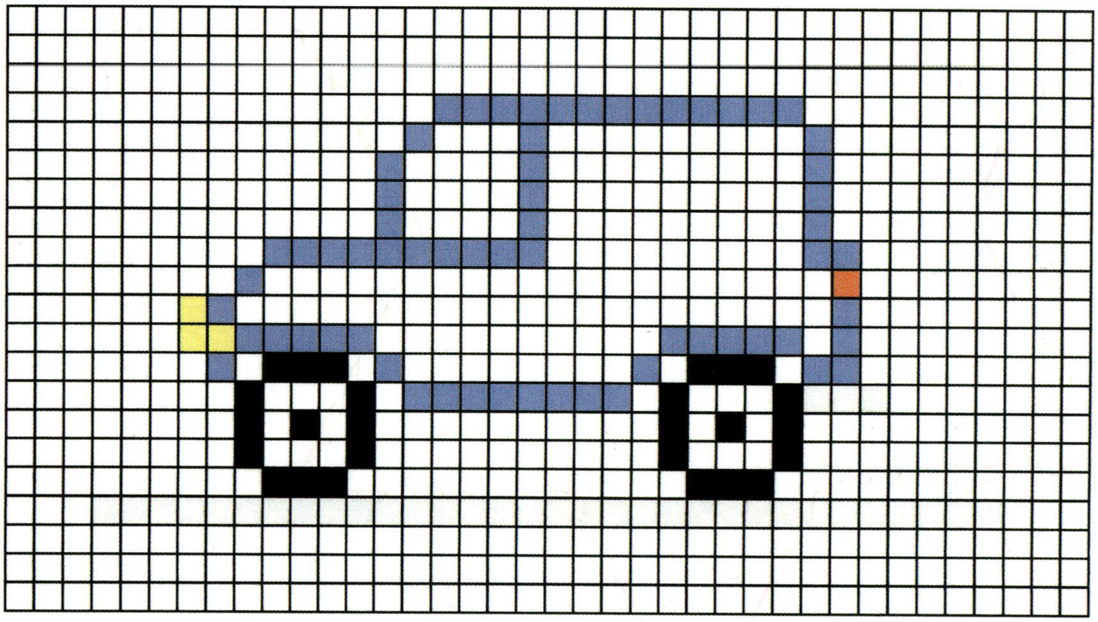

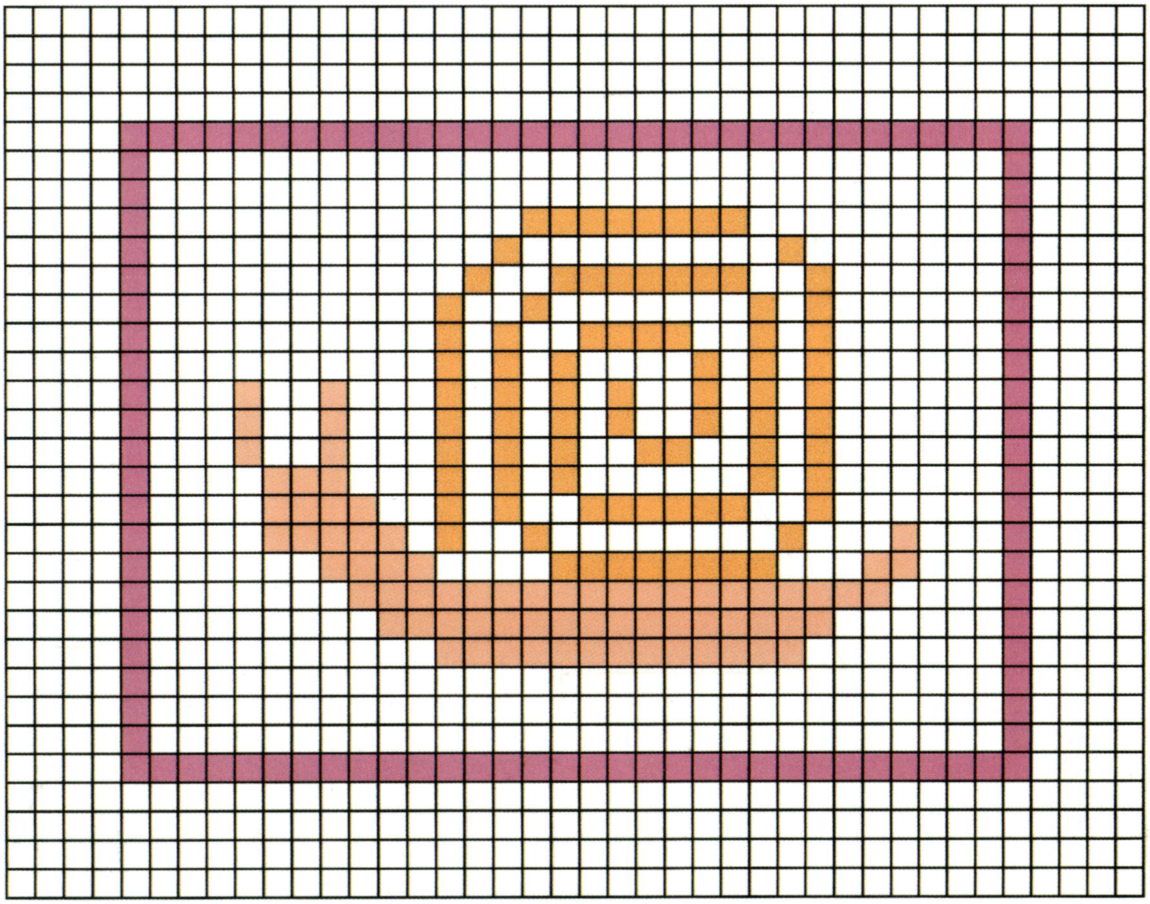

Register

Register

Danksagung

Ich möchte mich bei all meinen Modellen – Jess, Josie, Olivia, Emma, Amber und Mia, Lucy, Amy, Katie und Anna, Charlotte, Noah, Oliver, Edith und Francesca – und vor allem auch bei Lillie, deren Hände in den meisten Schritt-für-Schritt-Bildern auftauchen, ganz herzlich bedanken. Mein Dank gilt auch Gavin und Roddy für ihre tollen Fotos und Jill für das Buchen der Modelle und ihre moralische Unterstützung. Danke auch an Emma Forbes, für ihre DYLON-Textilfarben und an Geraldine Stewart, die uns die Crayola-Produkte, die in diesem Buch verwendet wurden, zur Verfügung gestellt hat. Zuletzt natürlich auch vielen Dank an Clare Sayer und Rosemary Wilkinson, die mich dazu aufgefordert haben, dieses Buch zu schreiben.